TABLEAU

NATUREL.

Par L. C. de Saint-martin
d'après Barbier

R.2235 p
A.2

TABLEAU
Naturel
des Rapports qui existent
entre DIEU,
l'Homme et l'Univers.

..... Expliquer les choses par l'homme,
et non l'homme par les choses.
Des Erreurs et de la Vérité, par un PH... INC... p. 9.

Seconde Partie.

A EDIMBOURG.

--- ✳ ---

1782.

Table.

TABLEAU
Naturel

Des Rapports qui existent entre DIEU, l'HOMME & l'UNIVERS.

13.

QUELQU'AVANTAGEUSES que soient les découvertes que l'on peut faire dans les Livres hébreux, ils ne doivent pas être employés comme preuves démonstratives des vérités qui concernent la nature de l'homme et sa correspondance avec son Principe ; car ces vérités subsistant par ellesmêmes, le témoignage des Livres ne doit jamais leur servir que de confirmation.

D'ailleurs les Livres des Hébreux, vu leur profondeur et la fécondité de la Langue dans laquelle ils ont été écrits, se prêtent à un si grand nombre de sens, qu'ils sont comme un champ de bataille, où chaque Parti, chaque Secte trouve de quoi s'attaquer et de quoi se défendre.

Voilà pourquoi ceux qui, sans autre secours que les lumieres vulgaires, plaident pour ou contre la sainteté de ces Livres, ne peuvent se convaincre ni les uns, ni les autres, parce qu'ils ne donnent point à leurs opinions une base naturelle et qui leur soit commune, de façon que toutes leurs objections leur sont réciproquement insolubles.

Si les principes qui ont été exposés jusqu'ici, ne reposoient pas sur un appui solide, ce seroit peu faire pour l'avancement de la science, que de leur donner pour base, des Livres dont la sanction n'étant pas généralement établie, laisseroient toujours des doutes sur l'authenticité dont ils auroient besoin pour être les garans de la vérité. Mais ayant établi ces principes sur des fondemens inébranlables, je me crois autorisé à mettre en usage tout ce qui peut en étendre, ou en confirmer la certitude ; et les Livres hébreux paroissent convenir à ce but.

Les Traditions, tant historiques qu'allégoriques des Hébreux, nous offrent les mêmes vérités que celles des autres Peuples. Elles annoncent également la dégradation de l'homme ; les efforts qu'il doit faire pour effacer son ignominie ; et les secours que l'ordre suprême lui accorde, sans relâche, afin d'accélérer son retour à la lumiere.

On y trouve les mêmes signes des rapports de l'homme à la Divinité ; et de la Terre à toutes

les

les Puissances supérieures. On y trouve la même subdivision de ces Puissances relativement à l'homme. Tout y est également, vengeance, rigueur; tout n'y présente que la sévérité d'une Justice, qui ne relâche rien de ses droits.

Ainsi, quoique ces Traditions n'offrent que des objets sensibles et corporels; quoiqu'elles ne montrent, en quelque sorte, que des *vertus* terrestres, et qu'elles ne semblent promettre à l'espérance, que des biens passagers et des récompenses temporelles; on doit croire qu'elles ont le même but, et qu'elles contiennent la même doctrine, que les Traditions mythologiques.

On le pensera avec d'autant plus de fondement, que de nos jours on a découvert des rapports frappans entre plusieurs personnages de la Mythologie Egyptienne et ceux des Traditions hébraïques, dont celles-ci, par conséquent, sembleroient être la premiere source. Et si nous avons apperçu l'histoire de l'homme, dans les principales Traditions mythologiques, à plus forte raison, devons-nous la reconnoître dans des faits qui paroissent avoir été le type et le germe des plus célebres de ces Traditions.

D'ailleurs, on y voit réunis les faits aux dogmes, et l'*action* à la doctrine; tandis que dans toutes les autres Traditions, ces deux choses sont presque toujours séparées. Les Traditions Mythologiques Egyptiennes et Grecques ne contiennent que des faits et fort peu de doctrine : les Livres théogoniques des Parsis, des Chinois, et de tous les Peuples qui, dans un sens opposé, se sont également éloignés de leur souche primitive, renferment plus de doctrine que de faits ; parce que tous ces Peuples ont négligé la véritable science de l'homme, qui doit s'égarer dans ses *faits*, quand il ne les regle pas par la morale, et qui ne se borne à moraliser que lorsqu'il ne sait pas *agir*.

Mahomet, qui a écrit et pris naissance parmi les descendans des Hébreux, imite leurs Livres en cette partie. Dans le *Coran*, la doctrine et les faits historiques y paroissent alternativement : et quoique ce Livre, à quelques traits de lumiere près, ne soit qu'un recueil informe, rempli de préceptes impuissans ; quoiqu'il ne ramene point les hommes à leur vraie nature, et qu'il avilisse les moyens par lesquels la Sagesse suprême prépare leur régénération, il laisse assez connoître qu'il est l'enfant naturel de l'enfant naturel du Judaïsme.

C'est même par son émanation du Judaïsme, qu'il nous montre plus clairement son illégitimité ; parce que les choses réelles, et qui tendent à un but vrai, se perfectionnent par le temps,

au

au lieu de se détériorer ; et plus elles avancent en âge , plus elles doivent faire éclater leur beauté , leur grandeur , leur simplicité , ou pour mieux dire , leur rapport avec les loix pures et vivantes de ce Type premier, que tous les Etres sont chargés de manifester chacun dans leur classe.

Loin que le Mahométisme se présente sous cet aspect, et qu'il soit plus parfait que l'Ismaëlisme et que le Judaïsme , il est infiniment au dessous de l'un et de l'autre. Il n'a ni les *sciences divines* des Hébreux , ni les *sciences naturelles* d'Ismaël : et s'étant séparé de la *force* et de l'intelligence , il n'a pu mettre à la place que les droits du glaive et le regne des sens.

Si les Livres des Hébreux , malgré leurs expressions obscures , malgré la singularité , ou même l'atrocité de la plupart de leurs récits , nous annoncent d'autres droits , d'autres pouvoirs ; s'ils réunissent les faits à des dogmes plus relatifs à notre Etre , et plus propres à nous rappeller les *Vertus* de notre Principe ; s'ils nous présentent des tableaux plus expressifs de ce que l'homme cherche , et de ce qu'il peut obtenir ; enfin, si ces Livres n'offrent pas une seule *Idole* matérielle *parlante*, et qu'ils ne mettent en action que des animaux vivans, des hommes , ou des Etres supérieurs , on doit leur donner un

(A 3)   rang

rang distingué parmi tous les Livres tradition-
nels qui nous sont connus.

Il n'est pas jusqu'au nom d'*Hébreu* (*Ghibri*) qui
ne soit le véritable type de l'homme actuel ; il
signifie *passant*, ou *passager*, pour indiquer à
l'homme ce qu'est son séjour sur la Terre.

On trouve en effet dans ces Livres, des rapports évidens avec les vérités les plus profondes,
soit intellectuelles, soit sensibles.

Les productions universelles y sont représentées comme étant le fruit de ces facultés invisibles qui précédent tout acte quelconque. Le mot
Rosch signifiant le Principe, la tête, ou le séjour
de la pensée, peut signifier la pensée même :
bereshit, qui est le premier mot du texte hébreu,
peut donc se rendre aussi bien par ces mots,
Dans la pensée, que par ceux-ci, *Au commencement*, qui ne tombent que sur le temps. Ainsi,
sans rejeter cette version : *Au commencement Dieu
créa*, *&c.* on pourroit lire intellectuellement,
Dans la pensée Dieu créa, *&c.* et on y trouveroit
une vérité de plus.

Les productions universelles y sont représentées comme étant le fruit de plusieurs agens, par
les expressions singulieres *Bara Elohim*, *les
Dieux créa* : image parlante de la vérité des
choses premieres, dans laquelle on voit à la fois
un

un seul fait, et six agens concourant à le produire; d'autant que le mot *Elohim* offre six lettres
distinctes dans sa prononciation, et qu'il les porte
en caracteres dans la version grecque de Sancho-
niaton, quoiqu'il n'en porte que cinq dans l'hébreu.

C'est donc une idée foible et fausse que la
crainte de mettre des bornes à la toute-puissance
du Principe universel de la vie, en lui reconnoissant des agens secondaires qui operent pour lui
les choses périssables, et qui les tiennent en
action pendant la durée qu'il leur prescrit; car
cette puissance éclate d'autant plus, en ordon-
nant des résultats qui sont ponctuellement exé-
cutés, et il est des œuvres que sa grandeur et sa
sublime simplicité ne lui permettent pas d'exécuter elle-même.

Ceux qui ont voulu jeter du ridicule sur ces
expressions extraordinaires, *les Dieux créa*, n'ont
fait que montrer qu'ils avoient peu de connoissance des vérités naturelles.

Ils ont affecté de traduire par *il fit*, le mot
Bara, qui signifie également *il produisit*, *il
créa*. Ne nous laissons pas tromper: cette expression, *il fit*, annonceroit une coéternité de la
matiere avec Dieu, qui n'auroit eu d'autre œuvre à faire que de la modifier, pendant que cette
coéternité n'appartient qu'au Principe immatériel de la matiere.

(A 4) Les

Les productions immatérielles sont représentées dans ces Livres, comme servant de base et de siege à l'Esprit de Dieu, qui, selon les Traductions vulgaires, *étoit porté sur les eaux* ; c'est-à-dire, sur les germes primitifs et invisibles de l'Univers, comme nous voyons que dans l'ordre de l'Univers corporisé, l'eau est le germe primitif des formes matérielles.

Au lieu de l'*Esprit de Dieu*, les traductions auroient dû dire, *l'action fécondante de ces Agens, Elohim,* préposés à la production de ce grand œuvre ; car dans l'hébreu les noms propres sont réels et essentiellement constitutifs. Or le mot *Rouach*, qu'on a traduit par *Esprit*, n'est point de cette classe ; il ne signifie que le *souffle*, que l'*expiration* ; lors donc qu'on l'applique aux émanations et actions supérieures, ce ne peut être que par analogie au souffle des vents, à l'expiration des animaux, laquelle dans sa classe est une sorte d'émanation ; mais ni dans l'un, ni dans l'autre exemple, cette sorte d'émanation ne doit porter le nom de l'Etre même qui en est le Principe ; et il ne faut point confondre l'action avec l'agent, si l'on veut marcher avec justesse.

Rassemblons donc ici les trois tableaux contenus dans ces trois mots, *Bereshit, Elohim, Rouach* ; l'un nous présente la pensée suprême concevant

concevant la production de l'Univers; le second,
le nombre des agens, ou le plan actif de son
exécution; le troisieme, le moyen par lequel
cette exécution se réalise; et nous reconnoîtrons
dans ces trois agens un rapport naturel avec les
trois facultés intellectuelles dont j'ai ci-devant
démontré l'existence dans l'homme.

Quant au développement sensible de ces productions universelles, on voit dans ces Livres
qu'il s'est opéré par un moyen semblable à celui que l'homme emploie pour l'exécution de sa
volonté; puisque, s'il ne *parle*, de quelque maniere que ce soit, à ceux qu'il veut faire agir,
cette volonté demeurera nulle et sans effet.

Enfin, ces productions universelles y sont représentées comme séparant les *eaux* inférieures
d'avec les *eaux* supérieures, les ténebres d'avec
la lumiere; par conséquent tel est le but de
leur exiftence, puisque telle est leur loi; puisqu'aujourd'hui même, les moindres végétations
corporelles n'acquierent la vie et ne la conservent qu'en occupant une place intermédiaire entre le ténébreux séjour de leur formation et la
région d'où descend la lumiere élémentaire.
Tableau sensible d'une plus importante séparation, qui a été opérée par l'origine de l'Univers, qui s'est répétée sur l'homme prévarica-
teur,

teur , sur toute sa postérité , et qui pour disparoître n'attend rien moins que le concours et le complément de l'action de tout ce qui a reçu l'existence.

Ce grand fait est même indiqué par le mot *Aretz* , *Terre* , qui signifie également *Région* , *Univers* ; car il dérive du verbe *Ratzatz* , *il a brisé* , *il a resserré* , *comprimé*. Et l'on doit d'autant moins se défier de cette idée , que le mot *Aretz* a conservé dans la plupart de nos Langues modernes une similitude évidente avec sa racine , tant pour la forme que pour le sens. L'Allemand appelle la terre *erd* , l'Anglois , *hearth* ; le Latin par inversion , *terra* , d'où le François *terre* , *arrêter* , *hart*. Toutes expressions où la forme et le sens primitif sont aisés à reconnoître ; et voilà pourquoi la terre est appellée le théatre d'expiation.

Les loix de la Physique sont exposées dans ces Livres avec une entiere justesse ; et la division sénaire , sous laquelle l'Ecrivain présente symboliquement par des *jours* , l'œuvre de la formation des choses temporelles , est conforme à la Nature. C'est cette loi manifestée dans le rapport du rayon à la circonférence , par laquelle l'Ecrivain a voulu nous apprendre que c'est un nombre de six actions réunies qui a concouru à

la

la corporisation matérielle de l'Univers ; que ce nombre de six actions doit par conséquent diriger toutes les choses sensibles , comme il a dirigé leur origine ; qu'il doit se faire connoître non seulement dans la direction des corps universels et particuliers, mais même dans les temps qui leur sont accordés pour leur existence.

Indépendamment du rapport métaphysique sénaire du rayon à la circonférence, ces vérités sont représentées dans la partie céleste , où six astres planétaires agissent et se meuvent sous l'œil d'un septieme astre qui est leur chef et leur dominateur.

Elles le sont matériellement dans les six puissances simples de la méchanique, qui servent de mobiles fondamentaux à tous les mouvemens des corps.

Elles le sont temporellement et intellectuellement dans la musique, qui ne peut avoir de mouvement régulier, sans que sa marche soit sénaire ; car, quoique nous n'appercevions sensiblement qu'une quinte entre la dominante et la tonique , il n'en est pas moins vrai que cette quinte renferme deux tierces très-distinctes.

Enfin, elles le sont corporellement dans les six globules lymphatiques et blancs , qui , selon les Physiologistes, constituent chaque globule rouge de notre sang.

Les

Les Peuples de l'Orient, par lesquels toutes les Sciences se sont communiquées dans l'Univers, nous offrent des faits qui viennent à l'appui du principe que nous avançons : dans toutes leurs mesures de temps, dans toutes leurs périodes, ils procedent par le nombre *six*, ou par ses multiples ; et la fameuse période de six cens ans, connue de toute antiquité par ces Nations primitives, est au dessus de toutes les périodes dont les Astronomes ont fait ensuite la découverte et l'emploi en différens lieux de la Terre.

Enfin, les Peuples de l'Amérique avoient la persuasion que l'Univers avoit été formé par six hommes, qui, avant qu'il y eût une terre, étoient portés dans l'air au gré des vents. D'où l'on peut inférer que des rapports aussi exacts, connus de ces Nations si éloignées et si étrangeres les unes aux autres, n'auroient pas lieu, si en suivant la division sénaire de la circonférence par le rayon, elles n'avoient suivi la vraie mesure naturelle des choses créées. D'où on peut également conclure que l'Ecrivain Hébreu ne nous a rien transmis d'imaginaire, en nous représentant la formation de l'Univers par les loix de ce même nombre.

Ce nombre de six jours, qui ne peut être que symbolique, puisque Dieu *agissant au sommet de l'angle*, ne connoît point de temps ; puisque nos

jours

jours temporels ne se forment que par les révolutions du Soleil, et que selon l'Historien même, le
Soleil ne fut formé que le quatrieme jour ; ce
nombre, dis-je, annonce par sa division en
deux ternaires, la loi d'action et de réaction
nécessaire pour l'existence et la production des
Etres corporels ; et ce nombre est observé par
l'Ecrivain Hébreu.

Car il représente la terre, et tout ce qui tient à
elle, comme le premier ternaire ; puisque c'est au
troisieme jour que toutes ces choses se trouvent
formées ; et il représente les astres, et tout ce qui
ne tient pas essentiellement à la terre, comme le
second ternaire dominant et réactionnant sur le
premier.

Ce n'est que dans ce second ternaire, que
tout Etre ayant vie prend naissance, et il n'est
pas indifférent de remarquer que le Soleil et la
Terre remplissent alors des fonctions semblables
à celles que nous leur voyons faire aujourd'hui ;
puisque c'est par la chaleur de ce Soleil agissant
au quatrieme jour sur la Terre formée le troisieme, que tous les animaux reçurent l'existence :
loi qui se répete dans la réproduction de toutes les
especes, par la jonction du mâle et de la femelle.

Ici la Physique nous arrête. Nous présentons
la production de l'Univers comme s'étant faite

sans

sans temps , et le globe terrestre offre des traces apparentes d'une formation lente et successive ; nous présentons la naissance de l'Univers comme un seul fait , et la surface de la terre est couverte de nombre de substances qui semblent n'avoir pu naître et se consolider qu'à la suite de plusieurs siecles ; enfin , la chronologie des Livres hébreux donne au monde une antiquité médiocre , comparée à celle que paroissent lui attribuer les observations faites sur la Nature. Il faut examiner ces difficultés.

Les Observateurs de la Nature enseignent qu'une chaleur si extrême a accompagné l'origine des choses, que l'Univers a été long-temps inhabitable après le moment de sa naissance.

Nous leur demanderons d'abord si leur pensée ne répugne pas à cette progression tardive , à cette suspension dans l'exécution des œuvres d'une main puissante, qui par sa nature ne peut être un instant sans agir ; nous leur demanderons en même temps quel but , quel objet remplira cet intervalle qu'ils veulent admettre entre l'origine des choses et leur formation ; quelle destination ils supposeront à un Monde sans Habitans : car nous montrer des œuvres sans but, sans objet , c'est nous peindre dans son Auteur, un Etre dépourvu de sagesse ; et ce seroit abuser de la raison que de l'employer à nous annoncer un tel Etre.

Ils

Ils n'ont enfanté ces systémes, qu'en s'appuyant sur les faits secondaires qui se trouvent sous leurs yeux, tels que la réproduction actuelle des Etres particuliers, qui ne s'opere que dans des espaces de temps proportionnels à leur classe, et tels que les sédimens et les différentes couches de substances minérales, qui ne s'accumulent plus qu'à la longueur des siecles.

Ces comparaisons les ont trompés; ils n'ont pas distingué les faits seconds, des faits premiers, les productions inférieures et passives, des productions primordiales mues par une vivante activité.

C'est une loi constante que plus les Etres sont rapprochés du Principe primitif, plus leur force génératrice est puissante; et cette puissance se montre non seulement dans les qualités de la production, mais aussi dans la célérité avec laquelle elle est engendrée; parce que le Principe primitif étant indépendant du temps, les Etres ne peuvent s'élever vers lui, sans jouir, selon leur mesure et leur nombre, de ses *droits* et de ses *vertus*. Et si l'on en veut trouver la preuve dans l'homme même, il suffit de comparer la lenteur de ses mouvemens sensibles et corporels, avec la promptitude de son Etre intellectuel, qui ne connoît ni temps, ni espace, et qui se transporte sur le champ en pensée dans les lieux les plus éloignés.

Mais

Mais sans sortir de la classe physique, remarquons que plus la croissance des Etres est
lente, plus le germe qui les produit est grossier.
C'est pour cela que les germes de tous les Etres
particuliers de la Nature sont corporels et visibles, attendu que leurs productions ne se forment que par une suite de temps. Mais la création générale étant le fruit d'un Principe et d'un
germe qui ne sont point corporels, mais qui sont
invisibles, comme les mobiles intérieurs qui nous
dirigent dans tous nos actes, cette création générale doit être née sans temps.

On ne niera donc pas que les Principes qui ont
produit la Terre et l'Univers matériel, ne soient
supérieurs aux principes terrestres qui ont engendré les animaux et les plantes. En outre, les animaux et les végétaux ont dû avoir dans l'origine
une force, une vie supérieures à celles dont ils
jouissent aujourd'hui, puisque la Nature s'altere,
comme toutes les choses corruptibles ; par conséquent les animaux et les végétaux actuels pourroient être regardés comme des fruits secondaires
relativement aux anciens, et à ceux que la terre
principe a engendré par la chaleur immense de
son feu central, de même que ces derniers sont
secondaires par rapport aux sources invisibles et
supérieures qui ont constitué la Nature universelle.

Dans

Dans l'ordre physique actuel, nous pouvons difficilement trouver des preuves de cette vérité : tout y étant secondaire, les différences entre les réproductions et leur Principe, quoique bien certaines, sont trop peu sensibles pour trouver place dans des démonstrations rigoureuses ; et d'ailleurs, quand ces réproductions arrivent à leur dernier terme, elles reprennent le sens inverse des productions primitives, parce que le cercle doit se fermer. C'est pour cela que le ver étant tombé dans l'état de chrysalide, en sort avec l'éclat du papillon, d'où doivent sortir de nouveaux vers ; et c'est pour cela que tous les mortels, en s'engloutissant dans les sombres horreurs de la terre, touchent de plus près aux rayons purs de la lumiere, que lorsqu'ils erroient sur cette surface.

Mais si nous n'avons pas des preuves actuelles et actives de la différence des Principes premiers et seconds, nous en avons au moins d'analogie. Premiérement, dans plusieurs expériences remises à la disposition de ceux qui sachant dégager plus ou moins le *feu principe*, operent des végétations matérielles en un temps plus court que celui qu'emploie la Nature pour la réproduction des siennes. Secondement, dans la nubilité précoce des animaux qui habitent les climats voisins de l'Equateur ; enfin, dans l'altéra-

II. Partie.　　　(B)　　　tion

tion que la Nature éprouve à mesure qu'elle s'éloigne de l'époque de sa formation, puisque par les os énormes et les végétaux pétrifiés qui nous restent de ces temps anciens, il est constant que les premieres productions ont dû être beaucoup plus fortes, plus vigoureuses que celles de nos jours, et que même par l'épuisement de la Nature, plusieurs especes, soit aquatiques, soit terrestres, se sont perdues.

S'il est évident que dans tous les genres, les Principes secondaires sont inférieurs aux Principes primitifs, pourquoi donc les assimiler? pourquoi vouloir égaler des Agens si disproportionnés : et ceux qui prononcent d'après de semblables calculs, ne sont-ils pas exposés à des faux résultats?

La lenteur des réproductions journalieres de la Nature ne doit donc rien faire contre l'activité des Agens qui ont dirigé l'origine des choses et toutes les productions primordiales.

Quand les Observateurs veulent considérer l'origine de ces substances calcaires qu'ils apperçoivent sur toute la surface de la terre, elles présentent deux difficultés : l'une relative à leur énorme multitude, & l'autre aux temps qui ont été nécessaires pour les consolider et les convertir en pierres.

Mais

Mais la même doctrine de cette grande chaleur centrale, ne suffisoit-elle pas pour résoudre ces questions, sans recourir à des explications qui contrarient l'idée naturelle que nous avons de l'activité du grand Etre, et qui ne peuvent être avouées de la raison, parce qu'elles ne lui présentent que des ouvrages sans but et sans objet?

Sans doute, la chaleur centrale a été plus grande qu'elle ne l'est aujourd'hui; mais il ne faut pas croire qu'elle l'ait été au point de rendre la terre inhabitable; ce qui contrediroit la sagesse de la Nature et l'objet de son existence. Il suffit qu'elle l'ait été assez pour donner subitement naissance aux productions primitives, qui à leur tour l'auront pu donner à de nombreuses productions secondaires, dans un temps plus court qu'il n'en faut aujourd'hui pour les mêmes faits.

C'est cette chaleur qui a pu promptement consolider les minéraux, vitrifier les granits, les grais, les jaspes, le porphyre, le roc vif, les quartz; en un mot, opérer toutes les vitrifications qui composent le sommet des montagnes et la plupart des rochers. C'est cette chaleur qui a pu calciner aussi rapidement cette multitude de coquillages, d'où sont résultés les marbres, les spaths, les craies, les stalactites, et toutes les productions qui peuvent se convertir en chaux. C'est cette même chaleur qui auroit pu lier à des

 substances

substances argilleuses, et à des terres calcaires ; ces énormes bancs de coquilles entieres et parfaitement conservées, qui se rencontrent dans plusieurs lieux de la Terre.

D'ailleurs on ne peut se dispenser de reconnoître également l'action de l'eau dans ces grands événemens : tout nous annonce qu'elle y a agi avec autant de puissance que le feu ; car elle consolide encore tous les jours des basaltes, des laves, et autant de substances vitrifiables, métalliques et calcaires qu'elle en dissout, comme le feu en divise autant qu'il en consolide et qu'il en vitrifie. Enfin, si l'action du feu se démontre encore sous nos yeux, en nous offrant des volcans jusqu'au milieu des mers, celle de l'eau n'est pas moins sensible, en ce qu'elle opere journellement des décompositions et des récompositions terrestres. Car ce ne seroit pas avoir la premiere idée de la Nature, que de croire que le feu y puisse agir sans l'eau, et l'eau sans le feu, puisqu'ils sont toujours contenus l'un dans l'autre, et que sans leur combinaison inconnue aux hommes, la Nature même ne seroit point, et rien en elle n'auroit de forme.

Si nous sommes convaincus que *le feu a agi* dans les premiers temps de l'explosion des choses avec infiniment plus d'activité qu'il ne le fait aujourd'hui, et que cette diminution de chaleur soit

la

la cause de la stérilité actuelle des Poles, et de la perte de plusieurs especes d'animaux terrestres, nous devons porter de l'eau le même jugement; d'autant que nous la voyons sensiblement diminuer sur la terre, et que l'on a aussi des preuves que des especes d'animaux aquatiques se sont détruites.

Enfin, la terre elle-même eut son action à remplir dans ces premiers temps; et cette action eut aussi plus d'intensité qu'elle n'en peut avoir aujourd'hui : car si le feu est le commencement et la fin de l'élément, si l'eau est le commencement et la fin de la corporisation, la terre est le commencement et la fin de la forme.

Les *forces* de ces élémens se balancent donc l'une par l'autre; et c'est quand ils cesseront d'être en équilibre que l'Univers cessera d'exister.

Disons, en passant, que le feu étant le commencement et la fin de l'élément, tout annonce que le feu terminera l'existence de l'Univers, comme c'est lui qui l'a commencée : et voici la marche de cet agent, à la fois créateur et destructif. La terre s'affaisse depuis son origine vers son feu central pour s'y réunir; le ciel des Planetes la suit pour s'y réunir avec elle. Nous nous en appercevons peu corporellement, parce que l'atmosphere est emporté avec toute la machine;

mais plus ces masses se rapprocheront du feu
central, plus l'eau se dissipera; à la fin il ne
restera que la masse de sel. Alors les Principes
ignés, renfermés dans cette masse de sel, fer-
mentant sur eux-mêmes, l'embraseront, et la
traverseront pour rejoindre leur feu principe.

Si la puissance de l'eau et celle de la terre ont
été autrefois plus grandes qu'elles ne le sont aujourd'hui, nous avons en elles un moyen de plus
d'expliquer les anciens et prodigieux phénomè-
nes terrestres, ainsi que les célèbres catastrophes
de la Nature: sans compter un quatrième Agent
plus actif encore que le feu, l'eau et la terre, et
dont nous aurons occasion de parler dans un
moment, lorsque nous jetterons un coup d'œil
sur la principale de ces catastrophes.

Enfin, si l'on veut réflechir à ces consolida-
tions subites que des substances terrestres reçoivent tous les jours par la propriété des eaux de
quelques fontaines, ou même par les manipula-
tions des Artistes qui savent diriger les forces de
la Nature, on ne sera plus étonné que les élémens primitifs aient pu opérer les mêmes résultats, et il sera inutile de reculer, autant qu'on
l'a fait, l'époque et l'origine du monde, pour
éclaircir les difficultés qu'il nous présente.

Les Livres hébreux nous parlent d'un sep-
tième

tieme jour, ou du Sabbat, qui termina l'Œuvre de la création. Ce mot *Sabbat*, que l'on a traduit par *Repos*, annonce seulement que le nombre de l'Univers étoit complet ; et il indique si peu une cessation, un néant d'action dans la Divinité, qu'il est écrit qu'elle *sanctifia* ce même jour ; ce qui signifie qu'elle attacha à l'existence de l'Univers, *des vertus* supérieures à celles qui l'avoient formé, puisque celles-ci n'étoient pas *saintes*.

Si ce n'étoit point abuser des privileges de la science étymologique, on pourrroit trouver au mot hébreu *Shabet* ou *Sabath*, un sens d'une grande sublimité. Car ce mot signifie aussi dans sa racine : *Il s'est assis, il s'est posé*. Alors ce seroit dire que *Dieu, au septieme jour, se posa, vint habiter, vint établir son siege dans tous ses ouvrages*. Rapports sacrés, et dignes de l'activité universelle du grand Etre, mais qui ne peuvent être présentés d'une maniere positive, attendu qu'ils souffriroient quelques contestations d'après la lettre du texte, quoiqu'ils soient justifiés par les plus pures lumieres de l'intelligence.

Il n'en est pas moins vrai qu'à ce septieme jour la Sagesse suprême présenta à l'homme des objets plus relatifs à son Etre, que ne l'avoient été toutes les *vertus sénaires* ; car il est bon d'observer que l'homme reçut la naissance temporelle, après tous les Etres de la Création, et qu'ainsi il étoit

(B 4)

plus

plus rapproché de ces *Vertus* saintes et septé-
naires , qui devoient en consolider l'existence.

Aussi, on voit dans les Livres hébreux, la dignité de l'homme, qui a seul sur tous les Etres le
droit sublime d'être produit par la Divinité même,
et selon le texte , *en image de Dieu* , c'est-à-dire,
comme en étant l'expression et le signe : rapports
vivans et actifs, que les Traducteurs ont foi-
blement rendus par ces mots , *à l'image et à la
ressemblance de Dieu* , mais que j'ai indiqués dans
le commencement de cet Ecrit , et qui trouvent
ici une heureuse confirmation.

On y voit cet homme placé dans un lieu
de délices , près de la *Vie* même, d'où couloient
quatre fleuves ; et n'ayant reçu d'autre défense que
celle de s'approcher de la *science du bien et du
mal* , qui se trouvoit avec lui dans cette enceinte , comme aujourd'hui elle habite encore
avec nous. On le voit établi par l'Auteur des
choses sur tous les ouvrages de ses mains , préposé pour les commander et les soumettre à son
empire ; et l'on ne peut plus douter que l'homme
dans sa dégradation même , ne manifeste cette
loi glorieuse , portée exclusivement en sa faveur ;
puisqu'il offre encore sur son corps la base sensible de toutes les mesures ; puisque , malgré
son ignominie et sa foiblesse , il ne cesse de travailler à s'assujettir toute la Nature.

Mais

Mais on y voit aussi l'homme dépouillé igno-
minieusement de cet empire, et n'en conservant
aujourd'hui que la figure la plus imparfaite,
comme ayant fait alliance avec l'illusion et
l'erreur; car le mot hébreu נחש *Nacash*, dont
est tiré celui de serpent, signifie *prestige, en-
chantement*.

« Et même le serpent, cet animal si dispro-
portionné, cet Etre sans aucune armure corporelle, sans écailles, sans plumes, sans poil, sans
pieds, sans mains, sans nageoires; ayant toute
sa force dans sa gueule, force qui n'est que venin,
mort, corruption; le serpent, dis-je, porte avec
lui des signes physiques et analogues à la séduc-
tion dont la pensée de l'homme est susceptible,
puisque cet animal a seul, parmi tous les autres, la
propriété de former avec son corps un cercle parfait, et de nous présenter par-là, sous une apparence réguliere, la forme et la base de tous les
objets sensibles et composés; c'est-à-dire, de fixer
nos yeux sur la matiere et l'illusion; enfin, en formant un cercle vuide, où l'on ne voit point de
centre, il a la propriété de nous faire perdre de
vue le Principe simple de qui tout descend, et
sans lequel rien n'existe. Il n'est donc pas étonnant qu'on ait apperçu tant d'antipathie entre
l'homme et le serpent, puisque l'homme, au
contraire, tient au *centre* par la proportion de sa

forme

forme, au lieu que le serpent n'offre sur la sienne que la circonférence ou le néant. Qu'on ne prenne point ceci pour un jeu d'imagination; des vérités importantes sont enveloppées sous ces rapports. Et c'est-là que l'on trouveroit à s'instruire des *relations métaphysiques* qui ont existé autrefois entre l'homme, la femme et le serpent; et qui se manifestent matériellement entr'eux aujourd'hui, dans toute la régularité des nombres ».

On voit dans ces Livres, les douloureuses punitions attachées à l'erreur criminelle de l'homme. En cherchant la lumiere dans un autre Principe que dans celui seul qui la possede, il perdit de vue jusqu'au moindre de ses rayons, comme tous ceux qui depuis ont cherché leur instruction et leur science ailleurs que dans les principes immatériels de toutes les classes, se sont rendus étrangers à l'intelligence; et c'est là cette nudité qui fit rougir l'homme après son crime, et qui retient de même toute sa postérité dans l'opprobre, jusqu'à ce qu'elle ait recouvré ses premiers *vêtemens*.

« Car la nudité que les Livres hébreux lui attribuent avant son crime, et dont il est dit qu'il ne rougissoit point, présente une autre vérité. Le mot *gharoum*, *nud*, vient de la racine arabe *ghoram*, qui signifie, un os dépouillé de chair ;

chair ; or l'*os* est le symbole sensible du mot *force* , *vertu* , puisque l'os est la force et le soutien du corps. D'un autre côté , ce mot *os* remonte par le mot *ossum* des Latins , jusqu'à la racine hébraïque *ghatzam* , qui signifie une *force* , une *vertu*. Ainsi donc , nous présenter l'homme premier dans un état de nudité, c'est nous dire qu'il étoit un Etre immatériel , une *vertu* , une *force* , une *puissance* dénuée de chair , ou sans corps de matiere ».

« Cela paroît d'autant plus vrai , que dans le passage suivant, l'homme est annoncé comme ne rougissant point de cette nudité ; et en effet , puisque la confusion qu'inspire la pudeur , ne tient qu'aux sens charnels , si l'homme , quoique pur et éclairé , n'éprouvoit alors par sa nudité , ni la honte , ni aucune des impressions de la pudeur , c'est une preuve évidente qu'il n'avoit point de sens charnels ».

14.

SI les Livres hébreux enseignent l'horrible
dégradation de l'homme, confirmée par notre
état actuel, ils annoncent encore plus clairement les différens secours qui lui sont accordés
pour sa régénération, et dont on a vu la nécessité, fondée sur le lien indissoluble du chef divin
avec son image, et sur l'amour dont il est em-
brasé pour l'homme, qui est l'extrait de son
essence et de ses *vertus*.

C'est pour cela qu'au milieu de tous les fléaux
qui ont suivi les différentes prévarications de
la postérité de l'homme, et que la Nature a pu
ressentir jusques dans ses Principes fondamentaux, les Livres hébreux qui en ont conservé les
récits, présentent des *vertus* puissantes, mises
en action successivement pour réparer les désordres; on y voit à différentes époques, des Etres
virtuels, dont les uns agissent sur l'eau, les autres sur le feu, d'autres sur la terre, et qui répe-
tent dans ces régénérations particulieres, ce qui
s'étoit passé lors de la régénération primitive,
où avant de réhabiliter l'homme, il falloit rétablir son domaine,

Le

Le premier exemple que les Traditions hébraïques nous offrent de ces vérités, est le récit des prévarications anciennes, où les Nations entieres des premiers temps sont présentées comme livrées à l'empire des sens matériels, au point d'avoir corrompu toutes *les voies de la Nature*, et d'avoir mérité d'être punies par l'élément de l'eau. C'est en même temps le tableau des moyens que la Sagesse suprême employa alors pour conserver sur la terre un asyle aux *vertus* de l'homme juste, et à celles de tous les Etres de la création.

Plus l'influence générale des crimes de l'homme sur l'élément de l'eau paroît étonnante, plus on est forcé de convenir qu'il n'y a que la grandeur de son Etre qui puisse résoudre ce problême. Sa sublime origine est un témoignage véridique de l'étendue de ses droits ; car si l'on ne met point de terme à ses *vertus*, ni par conséquent aux fruits qui en sont la récompense, on n'en doit pas mettre à ses prévarications, ni aux suites qui doivent naturellement les accompagner.

De même que l'homme peut exercer l'empire de ses droits légitimes, et obtenir de la Nature entiere les hommages dus à un Souverain ; de même il peut montrer les signes d'un traître, d'un rebelle, et attirer sur lui la rigueur de toutes les Puissances qu'il auroit voulu usurper.

Qu'on

Qu'on ne s'arrête donc point exclusivement aux crimes charnels des premieres Postérités de l'homme, si l'on veut découvrir la vraie cause du déluge : il y a une trop grande disproportion entre l'influence de ces sortes d'excès sur la dissolution des corps, et ce phénomene destructif que l'Ecrivain nous peint comme produit par le concours de la Nature entiere : le dépérissement corporel de l'individu qui s'abandonne à ces excès, étant sa punition naturelle, la justice supérieure se trouve satisfaite, sans qu'elle ait besoin d'étendre l'action des élémens primitifs universels.

Il faut donc admettre que ces premieres Postérités ont pu se livrer à des égaremens plus considérables, et à des actes criminels assez puissans pour attirer sur elles des fléaux sans bornes et sans mesure. Si le premier crime de l'homme l'assujettit aux élémens, et le plongea dans l'immense région des actions sensibles et confuses, quelle erreur y auroit-il à croire que par de semblables crimes, il eût pu s'exposer de nouveau à la fureur de ces élémens ?

La seule différence qu'il faut observer, c'est que l'homme primitif, n'étant pas encore matérialisé lors de son premier crime, ressentit l'action du Principe même des élémens ; au lieu que dans les prévarications de sa postérité, les élémens

mens n'ont pu opérer sur l'homme que par leur action grossiere, parce qu'il est lui-même corporisé grossiérement. Or, d'après toutes les notions physiques qui ont été présentées dans cet écrit, on doit savoir que la premiere apparence de la corporisation des choses grossieres et sensibles, c'est l'eau.

Ce fléau extraordinaire doit cesser de paroître impossible, dès qu'il n'est pas impossible à l'homme de s'y exposer; et si les hommes ont en eux le droit de pouvoir provoquer la justice de différentes manieres, elle doit être aussi toujours prête à laisser tomber sur eux l'espece de punition dont l'espece de leur crime les rend susceptibles ; car la possibilité du crime ne doit pas aller au-delà de la possibilité de la punition, sans quoi la vérité seroit en danger.

Remarquons, en prenant toujours le physique sensible pour guide, que dans les individus humains, la plus grande effervescence des sens se faisant sentir vers le tiers de la vie, elle a dû suivre la même époque pour l'homme général ; et que les crimes intellectuels qui ont pu accompagner ces écarts, et attirer les grandes catastrophes, doivent avoir par analogie la même date : d'où l'on pourroit avec de l'attention se procurer quelques éclaircissemens sur l'âge du Monde, et sur l'époque du Déluge.

C'est

C'est en vain que les Observateurs ont atta-
qué la réalité de ce Déluge, par l'impossibilité
qu'il y ait sur la terre, selon leur calcul, un
volume d'eau suffisant pour couvrir toute sa
surface, et pour s'élever jusqu'aux plus hautes
montagnes. Ces objections n'ont pour base que
le défaut d'intelligence des Traducteurs, et les
erreurs que les systêmes philosophiques ont répandu sur la nature de la Matiere, en ne lui
reconnoissant pas d'autre Principe qu'elle-même.

En effet, le mot hébreu ארבת *arubboth*, quoique signifiant *cataractes*, selon la lettre, n'est-
il pas, suivant les mêmes Interprétateurs, un
dérivé du verbe רבב *rabab*, ou רבה *raba*,
qui veut dire, *il a été multiplié*? Alors le texte
présente l'idée naturelle d'une action plus étendue dans l'Agent qui produit l'eau, et nullement
celle du simple écoulement d'une eau auparavant
existante ; parce qu'alors il y auroit seulement
union, agrégation, et l'on ne verroit point
l'acte d'un Etre vivant qui crée, et qui multiplie.

On ne sauroit contester, suivant ce principe,
la possibilité des grandes révolutions de la Nature, l'excès d'un élément sur l'autre, et par
conséquent les fléaux universels qui peuvent tomber sur des Régions, sur des Peuples, sur la
Terre entiere.

Car il faudroit commencer par nier l'existence
du

du Monde lui-même, puisqu'il n'est que le résultat apparent de l'action vivante et combinée des élémens, qui se combattent et se surmontent alternativement dans son enceinte ; et manifestent les uns envers les autres, la vie et les loix qu'ils ont reçues des Puissances suprêmes.

Les Observateurs ont également contesté l'existence de cette Arche célebre, bâtie par l'ordre suprême, pour conserver un rejeton de la race humaine. Quelle qu'ait été cette Arche, comme elle représentoit l'Univers, elle a dû comme lui renfermer, soit en nature, soit en *Principes*, tous les Agens et toutes les facultés qui le composent ; et si ces choses paroissent inexplicables à l'homme qui marche sans sa loi, elles ne le sont plus pour celui qui la connoît, et qui a l'idée qu'il doit avoir de sa grandeur et des droits de son Etre.

Ajoutons que comme le *premier germe vivifiant* des choses, l'Arche étoit portée sur les eaux ; que comme lui, elle surnageoit sur le chaos et sur l'abyme terrestre, pour lui rendre au temps prescrit, la vie dont il étoit privé ; et que comme ce *germe vivifiant*, elle contenoit un Agent pur, une source vivante de justice et de sainteté, dans laquelle les hommes à naître devoient trouver encore des traces de leur premiere splendeur.

Je ne puis me dispenser, au sujet de l'Arche,

d'engager les Observateurs à jeter les yeux sur
les Traditions chinoises ; ils y verront que » le
» caractere de *barque*, *vaisseau*, est composé
» de la figure de *vaisseau*, de celle de *bouche*,
» et du chiffre *huit*, ce qui peut faire allusion au
» nombre des personnes qui étoient dans l'Arche.
» On trouve encore les deux caracteres *huit* et
» *bouche* avec celui d'*eau*, pour exprimer navi-
» gation heureuse ». Si c'est un hazard, il s'accorde bien avec le fait.

Portons un instant nos regards sur ces vestiges
si confus, si variés, de l'inondation générale et
du bouleversement universel, dont les signes
écrits sur cette surface terrestre, attestent par tout
la certitude. Dans le point de Physique que j'ai
déja traité, relativement à l'origine de l'Univers, je n'ai eu en vue que les résultats réguliers
qui paroissent avoir dû accompagner sa naissance ; ici je le considere dans ses désordres.

Dans cette inondation générale que les Observateurs ne peuvent pas nier, ils ne veulent
voir qu'un fait physique, isolé, et indépendant
des rapports qu'il doit avoir avec le *grand œuvre*
auquel toutes les *puissances* des Etres sont employées. Mais si le plan immense qui a été
exposé dans cet Ecrit, peut étendre leurs idées
sur la nature de l'homme, et sur sa liaison avec

toutes

toutes les choses visibles et invisibles, ils trouveront de nouveaux éclaircissemens dans ces mêmes Traditions hébraïques, où les loix des choses sont tracées avec fidélité, parce qu'elles mettent en jeu tous les ressorts et tous les Etres. Ils y verront que pour terminer le Déluge, indépendamment de l'action de tous les élémens en convulsion, une *force supérieure* fit cesser l'action du principe de l'eau, et qu'en même temps elle envoya un *air* ou un *souffle actif*, qui agitant en tous sens les eaux répandues sur la terre, dut occasionner ces énormes transpositions de substances terrestres d'un climat à l'autre, et faire dans un temps trèscourt, des révolutions qui demanderoient des temps sans bornes, si elles n'eussent été que le résultat des simples actions élémentaires.

Ne soyons donc plus étonnés que d'une combinaison d'actions si opposées et si violentes, il ait résulté des effets physiques si bizarres, et si inexplicables quand on supprime quelques-uns des Agens qui ont dû contribuer à les produire. Accoutumons nos yeux à saisir l'ensemble des principes, si nous voulons saisir l'ensemble des faits.

A la fameuse époque du Déluge, succede un nouvel égarement de la postérité de l'homme, où les criminels s'efforcent d'usurper les *Vertus* des Cieux par des voies terrestres, matérielles et impures, cachées sous l'expression de cet édifice audacieux, qui n'étant construit qu'avec de la brique, et n'ayant pour ciment que du bitume, annonçoit à la fois, la folle impiété de ceux qui l'élevoient, et le peu de consistance que devoit avoir leur ouvrage.

La suite de ce crime fut cette célebre confusion des Langues qui divisa le même Peuple en plusieurs Nations. Emblême qui annonce bien plus encore l'obscurité et la confusion de l'intelligence de ces Peuples, que la variété de leur langage sensible et habituel : quoiqu'il soit vrai néanmoins, qu'ayant dès-lors formé plusieurs Sectes éparses et séparées, ils ont pu voir ensuite leur Langue commune et primitive s'altérer par le temps, et produire une multitude innombrable d'autres langages, presqu'absolument étrangers les uns aux autres.

Cette division de langages, perpétuée sur toute la surface de la terre, répete d'une maniere typique la situation actuelle de l'homme, pour lequel depuis sa chûte, la Langue de tous *les Etres* vrais qui l'environnent, est inintelligible, et qui ne sait plus quel moyen employer lui-même, pour revivifier sa correspondance avec eux, et reprendre son ancien empire.

Par conséquent, ces deux punitions étant semblables, annoncent qu'elles sont le fruit du même

crime

crime, et que l'homme ne se trouve aujour-
d'hui si étranger au langage de la vérité, que
pour avoir osé dans le principe, parler un autre
langage que celui de cette vérité; comme les
postérités premieres n'ont cessé de l'entendre,
que lorsqu'elles ont cessé d'avoir pour but l'exclusive domination du *Premier* de tous les Etres,
et qu'elles ont formé le dessein de lui substituer
un autre *Principe*.

J'exposerai ici une vérité qui jettera quelque
jour sur l'origine primitive et sur la dégradation
des Sciences. On prétend que les hommes ont
été d'abord dans la plus profonde ignorance,
et réduits aux seules ressources de l'instinct : on
les a peints avec les couleurs que nous donnons
aux Peuples sauvages, n'ayant à combattre que
la Nature, à satisfaire que leurs besoins corporels, et à ne communiquer entr'eux que par leurs
idées sensibles ; et l'on veut faire croire que telles
ont été les bases sur lesquelles se sont élevés successivement les différens étages de l'édifice des
connoissances humaines.

On s'est trompé, en plaçant là l'origine ac-
croissante des sciences de l'homme. Lorsqu'après
sa dégradation, il fut admis sur la Terre, il y
vint avec plus de lumieres que n'en a possédé
peut-être toute sa postérité ; quoique ces lumieres

aient été inférieures à celles dont il jouissoit
avant d'y descendre. Il a été comme la tige de
ces Elus généraux, employés par la Bonté divine
à la réparation de son crime ; il a communiqué
à ses Descendans les lumieres dont il avoit alors
la jouissance ; et c'est-là le véritable héritage dont
les premiers hommes étoient si avides, et dont les
hommes des siecles suivans n'ont plus conservé
que la figure dans leurs hérédités matérielles.

Mais ces postérités primitives ont laissé altérer cet héritage, comme l'homme lui-même avoit
perdu celui dont il jouissoit pendant sa gloire ;
et l'ignorance allant de front avec l'iniquité, n'a
fait que croître jusqu'à ce que l'une et l'autre
étant à son comble, les fléaux de la justice ont
réduit les hommes aux plus épaisses ténebres et
à une *dispersion* absolue.

C'est à cette derniere époque que l'on devoit se
transporter pour trouver l'homme languissant
dans l'incertitude et la misere, et réduit aux seules
ressources de son instinct ; c'est à cette époque
que l'on doit chercher l'origine des Langues con-
ventionnelles, parce que toute connoissance vraie
étant perdue pour les hommes, il leur fallut employer les objets sensibles pour signes de leurs
idées ; enfin, telle a été la source de toute
l'industrie à laquelle ils furent obligés d'avoir
recours, après avoir abandonné les mobiles
infaillibles

infaillibles qui pouvoient encore les diriger sur
la Terre.

Leurs efforts, excités par leurs besoins, les ra-
menerent bien-tôt par divers moyens à des découvertes, et à des notions, quoiqu'imparfaites,
de ces mobiles universels qui leur étoient si nécessaires ; sans qu'aucun Peuple, aucune Tribu,
aucun individu peut-être, n'ait marché dans
cette carriere, ni du même pas, ni par les mêmes
sentiers.

Ce fut alors que les Sciences allerent en croissant parmi les hommes, et l'on en peut suivre
la chaîne comme non interrompue depuis cette
époque secondaire jusqu'à nos jours ; on doit
même être assuré qu'elles ne feront que se développer de plus en plus, si l'on réfléchit aux
moyens sans nombre qui ont été découverts pour
les répandre.

Il en a été de l'espece générale de l'homme,
comme de ses individus. Rien de plus pur que
les premiers rayons de lumiere dont notre Etre
est éclairé, lorsqu'il commence à être susceptible
de les recevoir : bientôt ces rayons précieux
se trouvent arrêtés, souvent même obscurcis
par des passions orageuses, qui font perdre à
l'homme jusqu'au souvenir de ces premieres faveurs d'intelligence qu'il avoit goûtées au sortir
de l'enfance : mais bientôt aussi on le voit se

(C 4)   délivrer

délivrer de ces entraves pour s'élever vers les *régions* des sciences et de la raison, et marcher dans des *sentiers* immenses de lumiere et de vérités, qui s'étendant chaque jour devant ses yeux, vont se perdre dans l'*Infini*.

C'est par une suite de cet accroissement progressif, qu'au milieu des prévarications et de la dispersion des anciens Peuples, un Juste est choisi parmi les Chaldéens pour être le dépositaire de la connoissance des différentes loix naturelles à notre Etre. Ce Juste est tiré de la ville de אור *Our*, qui en hébreu signifie *lumiere*, pour nous rappeller l'émanation du premier homme et de toute son espece, qui a pris naissance dans le sein de la Vérité même, et qui appartient et correspond par sa nature, au centre universel de la *Vie*.

Ce Juste paroit favorisé sensiblement de trois signes supérieurs, ou de la présence de trois Agens immatériels corporisés en forme humaine, recevant même de lui l'hospitalité. Ces signes faisant allusion aux trois vertus suprêmes, annoncent le rang sublime auquel cet homme étoit appellé : et ce rang c'étoit d'être le *Pere* d'une *Postérité* aussi nombreuse que les étoiles du Ciel, et que la poussiere de la Terre : c'étoit, en pénétrant le sens de cette expression figurée, de recouvrer toutes les *vertus supérieures* dont

l'homme

l'homme avoit été dépouillé, et de ramener les Etres *inférieurs* ou égarés ; c'étoit enfin d'être le Chef et le Pere d'un Peuple choisi entre tous les Peuples de la Terre, destiné à être l'objet des faveurs de la Divinité, et à servir de fanal à toutes les Nations. La pensée nous montre ce choix d'un Peuple, comme nécessaire, afin que l'homme eût devant les yeux, et dans sa propre espece, la représentation vivante de ce qu'il avoit été lui-même.

Pour remplir cette glorieuse tâche, voici l'ordre qu'il reçut, avant de prendre possession de la terre qui lui étoit promise. Il lui fut recommandé de la parcourir en *latitude* et en *longitude* ; nouvel indice de la supériorité quaternaire de l'homme, et de ces deux diametres dont nous avons déja parlé.

Si l'on voit cet homme privilégié commettre un adultere non seulement impuni, mais comme autorisé, puisqu'il ne nuit point à son élection ; et que cependant l'adultere ait passé ensuite pour un si grand crime chez les Hébreux ; c'est que la *loi* n'avoit point encore été publiée ; c'est que l'*œuvre* ne faisoit, pour ainsi dire, qu'arriver à son aurore ; et que les hommes ne connoissant encore leurs *vertus* que par les générations charnelles, n'étoient point à portée d'en régler l'ordre par une *loi supérieure* et *lumineuse* ; et tel est le

pouvoir

pouvoir des loix sensibles auxquelles l'homme s'est assujetti, que plus il en est rapproché, plus sa nature vraie rentre dans le silence, pour ne laisser régner que ces loix sensibles.

Voilà pourquoi dans l'origine, il fut permis d'épouser sa propre sœur, quoiqu'ensuite, les hommes n'aient pu former d'alliance qu'au *quatrieme* degré de parenté, parce que ce nombre étant celui de l'action universelle, donne à un même sang le temps de se renouveller, et démontre à l'homme que son Etre intellectuel ou *quaternaire* doit être l'ordonnateur de toutes ses facultés.

Après les promesses glorieuses qui furent faites au premier Chef du Peuple choisi, on peut aisément reconnoître dans cet homme Juste, dans son fils Isaac, et dans son petit-fils Jacob, l'expression successive et subdivisée des trois facultés suprêmes dont il avoit reçu les signes à la fois, et qui servent de type à celles que manifeste l'ame humaine. Il démontre lui-même visiblement la *pensée*, par le rang de son élection qui le rendit le premier dépositaire des desseins du grand Etre sur la postérité des hommes : son fils est l'emblème de la *volonté*, par le sacrifice libre qu'il fait de son individu : et le fils de son fils annonce l'*action*, par le combat qu'il soutient contre l'Ange, et par la nombreuse famille qui sort de lui.

lui. Ici la liberté de l'intelligence ne pourroit-elle pas s'étendre ; voir dans Rebecca, l'image du monde sensible ; et par ces deux enfans qui combattent dans son sein, reconnoître l'image de l'homme, et de ce *frere ainé son ennemi* avec lequel il est emprisonné dans l'univers?

Dans la suite, les descendans de ce Juste hébreu devinrent esclaves de la Nation Egyptienne, dont ils avoient réclamé les secours. Le sens du mot *Egypte*, exprimant la douleur et la tribulation, l'union de la postérité Juive avec cette Nation, annonçoit celle que le premier coupable fit avec l'abomination même, et montroit que nul Etre ne peut se précipiter dans un tel abyme, sans être condamné à souffrir, et à y séjourner pendant un temps proportionné à son iniquité.

Les Livres des Hébreux nous peignent en effet les suites de cette criminelle alliance. Ce Peuple réduit à consumer ses jours et ses travaux sur de la poussiere, exposé aux injustes exactions de ses tyrans, répete l'humiliante situation de l'homme ici-bas, où son action étant horriblement resserrée, il a cependant à soutenir des combats plus grands et plus multipliés que dans son premier état ; où, enfin, il a *à vivre*, quoiqu'il soit, pour ainsi dire, séparé de *la vie*.

Mais il voit paroître un Agent célebre, échappé

pé comme Enfant des Hébreux, à la cruauté du Roi d'Egypte, ou à ces *vertus impures* qui s'opposent aux premiers efforts de notre Etre pensant, et qui ne travaillent qu'à l'empêcher de reprendre sa liberté. Cet Agent célebre est flottant comme l'homme sur les *eaux de l'abyme*, préservé de leurs gouffres par un *berceau*, comme l'homme l'est par les *vertus* de son corps ; élevé, dirigé par un Instituteur fidele, comme l'homme le seroit toujours, s'il étoit actif et docile : enfin, chargé comme lui de veiller au rétablissement de l'ordre et à la destruction de l'iniquité.

Par ses travaux, par ses victoires sur les Egyptiens, ce Juste nous peint donc les pouvoirs de l'homme sur les *vertus* de l'Univers, et sur le Principe du mal. Ceux qui ont prétendu que ce Législateur tenoit toutes ses Sciences des Egyptiens, n'ont pas observé qu'avant de combattre les Sages de cette Nation, ce Juste avoit passé plusieurs années chez son beau-pere Jéthro qui étoit *Prêtre*, et qu'il s'y assit près d'un בור *Beour*, mot qu'on a traduit par *un puits*, mais qui par son analyse ב *Beth*, *dans*, et ור *our*, *lumiere*, ne signifie rien moins que le séjour de la science et de la vérité.

La supériorité de l'homme sur les choses sensibles, et ses pouvoirs sur la corruption, nous sont tracés dans le tableau de la sortie d'Egypte, et dans

dans celui du passage de la mer rouge. Le premier nous peint les Egyptiens anéantis, pour
ainsi dire, par toutes les plaies qu'ils avoient at-
tirées sur eux, mais ne cédant qu'à la *dixieme*. Il
nous les peint dépouillés de leurs richesses, dans
lesquelles on doit surement comprendre les instrumens criminels de leur culte : il nous les peint
poursuivant par des routes incertaines, le Peuple
Hébreu, qui seul jouissoit visiblement de la lumiere, tandis que les ténebres étoient répandues
sur ses ennemis et sur toute l'Egypte. Le second
nous représente les élémens obéissant à la voix
qui leur commande d'ouvrir un passage libre
à ceux qui étoient conduits par la *Sagesse*, et de
reprendre leur cours naturel à l'approche des im-
pies, qui n'ayant point les *vertus* nécessaires pour
s'en défendre, devoient en être les victimes.

Ce second tableau nous apprend encore que
les substances corruptibles du sang sont les véritables entraves qui retiennent l'homme dans le
pâtiment, et que c'est par la rupture de ces liens,
ou par la séparation de son Etre intellectuel
d'avec le sang, qu'il recouvre quelque liberté :
ce qui avoit été déja indiqué par l'esprit du précepte de la circoncision ; ce qui le fut dans la
suite par la défense faite au Peuple de manger
du sang, parce que la vie de la chair étoit dans
le sang, et que l'ame de la chair avoit été donnée

née aux Hébreux, ou aux hommes pour l'expiation de leur ame. Expressions assez claires pour
justifier le Législateur des Hébreux du reproche
que plusieurs lui ont fait de n'avoir pas distingué
dans l'homme un Etre différent de l'Etre sensible.

Enfin, par les différens campemens et les différens travaux qui suivirent la sortie d'Egypte,
ce Législateur nous peint les différentes suspensions que l'homme doit subir après son passage
corporel, pour réaliser ce qu'il n'a pu connoître
ici bas qu'en apparence ; de façon que Moïse
seul présente en lui un type entier du cours universel de l'homme, depuis son origine terrestre
jusqu'au terme où sa nature primitive ne cesse de
le rappeller.

Nous arrivons à cette époque où la voix divine
se fait entendre aux Hébreux ; où le Législateur
écoute lui-même comme tout le Peuple, la parole sacrée qui se communiquoit aux hommes,
pour leur apprendre à ne se conduire que par
elle, et à ne pas donner leur confiance à des
Dieux étrangers, et à des *Idoles* qui ne *parloient*
point. Dans les faits qui se passerent alors, on
voit figurées la loi premiere de l'homme dans son
état de splendeur, et la seconde loi de ce même
homme dans son état de réprobation. En effet,
sa loi premiere lui fut retirée, dès qu'il s'éloigna

du

du centre de la vérité, comme les premieres Tables furent brisées, lors de l'idolâtrie du Peuple Hébreu.

La seconde loi, quoique contenant les mêmes préceptes que la premiere, c'est-à-dire, l'obligation indispensable de manifester les propriétés de notre Principe, et d'être en quelque façon l'organe vivant de ses *vertus*, cette seconde loi, dis-je, est inférieure à la premiere, et infiniment plus rigoureuse. Outre l'expérience journaliere que notre situation actuelle nous force d'en faire, nous en avons un indice dans ces mêmes Tables que les Traditions hébraïques nous présentent.

Les premieres Tables de la Loi sont annoncées comme ayant été non seulement écrites, mais encore taillées de la main de Dieu. Tableau instructif, dont le vrai sens est l'émanation de l'homme hors du sein de la lumiere, sur qui la même main qui lui donnoit l'être, gravoit à la fois le nombre, ou la convention sur laquelle toute sa puissance et toute sa gloire devoient être fondées.

Au contraire, les secondes Tables nous sont bien données par l'Ecrivain, comme ayant été écrites par la main de Dieu, ainsi que les premieres ; mais la différence qui se trouvoit entr'elles, c'est que les dernieres avoient été taillées de la main de l'homme, et que c'est sur cette

œuvre

œuvre de l'homme que l'Etre nécessaire, rempli d'amour pour ses productions, daigna encore graver son sceau et sa convention, comme il l'avoit fait sur la substance pure dont les premieres Tables étoient l'image ; de façon que la loi de l'homme n'étant pas aujourd'hui gravée sur sa matiere naturelle, opere en lui cet état violent et douloureux que tous les hommes éprouvent, lorsqu'ils cherchent cette loi avec sincérité, et qu'ils s'en approchent ; parce que ces pâtimens et cette irritation sont inévitables entre des Etres hétérogenes.

L'éclat majestueux et terrible qui accompagna la promulgation de ces loix, nous rappelle le tableau de l'origine des choses, où le désordre faisoit place à l'harmonie ; où chaque Etre recevoit son ordre et sa loi ; où la lumiere mélangée et comme confondue avec les ténebres, tendoit violemment à s'en séparer ; où les criminels qui devoient habiter ces ténebres étoient entraînés avec les débris de cette effrayante explosion ; et où ceux qui avoient été fideles à leur Principe, se rallioient à sa clarté divine, pour y lire les Décrets irrévocables de son éternelle sagesse, et pour les exercer dans l'Univers.

C'est toujours sur des lieux élevés que ces grands faits nous sont présentés ; sur des lieux où l'air étant plus pur, semble communiquer à

tout

tout notre Etre , des influences plus salutaires , et une existence plus conforme à notre nature et à notre premiere destination.

Car , lorsque dans la suite cette même loi a condamné le Peuple Hébreu , et ceux de ses Chefs qui sacrifioient sur les *hauts lieux* , elle ne prétendoit pas précisément parler des montagnes , mais de certains objets de la Nature auxquels les hommes ont trop souvent donné une confiance aveugle , et qui ayant commencé par servir d'instrumens au Sabeïsme , ont fini par engendrer les abus de l'Astrologie judiciaire.

Des altérations aussi grandes se sont introduites dans les Sciences des Hébreux. On en trouve la preuve dans les eaux de jalousie , par lesquelles le Prêtre s'assuroit du crime ou de l'innocence de la femme accusée d'adultere. Ces épreuves , dénuées de la *Vertu* supérieure de l'homme , dont le Prêtre est censé particuliérement revêtu , paroissent suspectes , et ne présentent à l'esprit que le prestige et l'imposture : mais lorsqu'on s'éleve jusqu'à la nature de l'homme , et qu'on réfléchit sur l'étendue de ses droits , rien n'étonne dans de pareils récits , parce que les *causes secondes* lui sont subordonnées , et qu'il a le *pouvoir* d'en diriger les *actes* à la gloire de son intelligence , et au maintien de la loi de

II Partie. (D) celu

celui qu'il est chargé de représenter sur la Terre.

Dans la suite cette *vertu supérieure* s'étant af-foiblie parmi les hommes, ils ont néanmoins conservé les formules ; de-là sont venues ces épreuves de l'eau, du feu, du fer rouge, des bras en croix, qui ont été pendant long-temps la seule jurisprudence criminelle de plusieurs Peuples ; ces Peuples mêmes, contenus par la superstition, ou aveuglés par l'ignorance, ne ju-geoient que d'après les faits, et n'examinoient pas si ceux qui sembloient présider à ces faits, avoient ou non les titres suffisans pour mériter leur confiance, et ils ne doutoient pas de l'inno-cence de l'accusé, quand son courage ou son adresse l'avoient fait résister à l'épreuve.

Enfin les yeux se sont ouverts, et sur les men-songeres prétentions des Juges, et sur les abus de cette Justice extravagante : mais les hommes, en s'épargnant par-là des crimes atroces, ne se sont pas avancés davantage vers leur Principe ; ils ont supprimé les abus, sans rendre leurs pas plus assurés ; ils se sont garantis de l'erreur de leurs Ancêtres, et n'en sont pas devenus plus sages : Ils sont même tombés dans un autre excès ; car n'ayant apprécié ces épreuves que dans un temps où elles étoient déja privées de leur base, ils ont cru qu'elles n'en avoient ja-mais eu.

Il en étoit ainsi de la lepre : cette maladie étoit regardée par les Hébreux comme une punition des fautes contre la *Loi* : elle ne pouvoit donc être guérie que par le possesseur ou le dépositaire de la Loi ; et vraiment, ce privilege ou ce don appartenoit au Prêtre. Quand dans la suite, l'Art de guérir n'a plus été l'apanage du Sacerdoce ; quand le Médecin a cru pouvoir cesser d'être Prêtre, les sources de la lepre sont restées ouvertes, comme elles le sont toujours, et les sources du remede se sont fermées. Alors, dans les ténebres où l'homme s'est concentré, il a plutôt pensé que la lepre étoit incurable, qu'il n'a vu ce qui lui manquoit pour la guérir ; de façon que les maux de l'homme ont plus que doublé ; car il lui reste toujours les *moyens* de gagner la *lepre*, et il ne trouve plus ceux de s'en délivrer.

15.

Le Sabbat, si recommandé par la Loi des Hébreux, se rapporte au Sabbat primitif, soit dans son nombre, soit par son objet; et c'est assurément dans l'esprit de ce Sabbat primitif, qu'il leur étoit ordonné de ne point semer, ni labourer la terre, ni tailler la vigne pendant la septieme année, ou année sabbatique; de ne faire même cette année-là aucune espece de moisson, ni de récolte; et de n'attendre leur subsistance que des productions naturelles de la terre, pour en satisfaire leurs besoins présens, sans aucune inquiétude pour les besoins à venir.

N'est-ce pas, en effet, nous retracer la différence des loix de la matiere à celles de l'intelligence? N'est-ce pas nous indiquer que la matiere n'existe, ne produit, ne s'alimente que par des moyens violens et par une culture laborieuse, tandis que la vie intellectuelle, active par elle-même, promet à l'homme qui peut y parvenir, des délices faciles et une nourriture assurée?

N'est-ce pas nous montrer d'avance quelle sera la destinée de l'homme, lorsque le grand Sabbat

étant

étant arrivé, il s'unira aux *Vertus* divines mêmes, et possédera cette *Terre incréée*, qui sans cesse produit par elle-même et sans culture ; lorsqu'étant comme *adhérent* aux sources de la vie, il pourra continuellement s'y désaltérer, avec la confiance qu'elles seront toujours plus abondantes que ses besoins, et que jamais elles ne pourront se tarir pour lui.

Il ne faut point oublier que le vrai Sabbat temporel doit se trouver le quatorzieme de la lune de Mars ; que c'est à cette époque que se fit la délivrance du Peuple Hébreu ; et que c'est-là l'époque naturelle où s'entrouvrent les premieres sources de production, puisque c'est vers ce temps, que les principes végétatifs reçoivent les premieres réactions du printemps, lequel doit se compter pour nous par le cours de la lune, et non par celui du soleil, quand l'un et l'autre de ces astres ne se trouvent pas ensemble au même point équinoxial.

J'ajouterai que les Hébreux ont dérangé l'heure de leur Sabbat, en le commençant à la premiere étoile, au lieu de le commencer à minuit, qui est l'heure de la primitive institution, attendu que c'est une heure centrale : mais ce n'est pas la seule négligence qu'ils aient à se reprocher ; car dans son institution leur Loi étoit pure, et appuyée sur des bases invariables.

 On

On y voit que jusqu'aux Réglemens relatifs aux alimens, tout est fondé sur les principes de la plus saine Physique. La défense de manger des animaux réputés immondes par la Loi, tient à la nature de ces animaux, dont l'impureté par rapport à nous, est écrite sur leur propre forme. « Ceux dont la tête et le corps sont dégarnis de membres offensifs et défensifs; ceux dont le col est si gros, qu'il ne fait, pour ainsi dire, qu'un avec le corps, ceux-là, dis-je, sont les Etres les moins purs, les moins réguliers, et en même temps les plus nuisibles à l'homme; car ce sont ceux dont le sang se porte avec plus d'abondance dans la partie supérieure; et pour conserver le langage de la Loi hébraïque, leur sang est matériellement sur leur tête : or l'usage fréquent de pareilles viandes ne manqueroit pas d'opérer le même dérangement dans l'équilibre de nos liqueurs : c'est alors que les soufres grossiers, dont notre Nature cherche à se purger, refluent sur notre Etre, et en obstruent tous les organes ».

« Nul Etre n'est sans doute plus intéressé que l'homme à éviter ce terrible effet, parce que le siege de son Principe étant dérangé, le Principe lui-même peut souffrir de ce dérangement ».

« L'homme est destiné par sa nature à être supérieur à tout ce qui est *sang* et impur, puisque sa tête même, distincte de son corps par un col étroit,

semble

semble encore être verticalement placée , pour
que le *sang* ne pouvant la surmonter , elle regne
et domine sur tout ce qui tient au *sang* : et
puisque nous avons sous les yeux l'exemple de
l'abrutissement des Negres , qui le doivent en partie à ce que non seulement leur *sang* , mais leur
graisse même est sur leur *tête* ; car ce fait est
visible par la couleur rougeâtre et sombre de la
substance moëlleuse de leur cerveau , et par la
laine qui leur tient lieu de cheveux. »

« Si l'on ne remarque pas les mêmes irrégularités
dans les autres especes de Nations difformes , et
que cependant on y remarque le même abrutissement , ou des mœurs même plus honteuses , et
des inclinations plus malfaisantes , ou enfin une
nature plus lâche et plus débile , c'est qu'au lieu
du sang et de la graisse , ce sont d'autres *principes matériels* qui *dominent sur leurs têtes*. Car ces
principes matériels étant ennemis de l'homme ,
ne peuvent le surmonter , sans que quelques-unes
de ses facultés primitives ne soient dans la con-
trainte et dans l'abrutissement , et qu'elles ne
soient remplacées par les facultés qui leur sont
contraires. »

« Ce que j'ai dit sur la difformité des animaux
réputés immondes , doit s'appliquer aux poissons ,
dont le corps ne formant qu'une masse avec leur

tête, semblé porter toutes les marques de l'impureté ; en sorte qu'on pourroit demander pourquoi la Loi hébraïque ne défendoit que ceux qui n'avoient ni nageoires, ni écailles ? »

« En général, l'impureté des poissons immondes doit être moindre que celle des animaux terrestres, parce que le sang des premiers est si tempéré par le fluide aqueux, qu'il n'est ni dans une abondance, ni dans une chaleur capable de produire de grands ravages. C'est pour cela que la Loi toléroit ceux qui n'avoient pas à la fois tous les signes de l'impureté ».

« Cependant, comme l'élément qu'ils habitent, porte avec lui-même le caractere de l'origine confuse des choses matérielles ; comme c'est par l'eau que tous les Etres de matiere prennent leur corporisation, la Loi regardoit les poissons comme participant en quelque sorte à la *confusion* de leur élément : aussi n'entroient-ils point dans les sacrifices ».

« On n'ignore pas que le sel, si convenable à nos alimens, étoit essentiellement recommandé dans les sacrifices, et qu'il a été, presque par toute la Terre, le symbole de la sagesse. C'est que les sels en général sont des substances très-instructives pour l'homme. Ils ne paroissent, que par la réunion de leurs différentes parties répandues dans les eaux qui les tiennent en dissolution,

lution , et en devenant par l'action du feu général ou particulier, autant d'unités actives , puissantes et dépositaires de toutes les propriétés qui se manifestent dans les corps. En un mot , le sel est un feu délivré des eaux , et les eaux ont un nombre si impur que les Hébreux n'expriment ce mot que par le duel מים *maim.* »

« Ajoutons que si la préférence étoit donnée au sel marin sur tous les autres, c'est qu'il est quarré sur toutes les faces , et qu'il a sept centres ; c'est qu'il reçoit plus directement les influences supérieures par l'action de la Lune sur les mers , et que son acide a moins d'affinité avec les métaux que les acides des autres sels. »

Le pain azyme , si recommandé dans les Fêtes , a sans doute de très-grandes significations ; car il représente à la fois l'affliction de la privation , la préparation à la purification , et la mémoire de l'origine.

Le mot *manne* dérive d'un nom hébreu , qui signifie *nombrer* ; et pour parvenir à l'intelligence de cette distribution journaliere , que les Livres hébreux nous disent avoir été faite au Peuple, voici ce qu'il est nécessaire de connoître.

De même que le Soleil parcourt chaque jour tous les points de notre horizon pour revivifier toute la circonférence , de même tous les hommes

reçoivent

reçoivent chaque jour un rayon du *grand Soleil*, qui suffiroit pour les ranimer intellectuellement, s'ils ne le laissoient pas intercepter par mille obstacles étrangers ; enfin, il y a chaque jour pour l'ordre physique, un mouvement universel par lequel toutes les spheres agissent les unes sur les autres, et se présentent réciproquement des bases, sur lesquelles elles impriment en passant, des actions et des nombres analogues aux traits qu'elles y rencontrent ; et on ne peut nier qu'il n'en soit de même dans l'ordre intellectuel, puisque celui-ci est le modele de l'autre.

Mais, ni dans l'un, ni dans l'autre ordre, l'homme ne peut passer les bornes et les mesures de ses facultés, sans les détruire ; et malgré qu'il ait reçu ces facultés par sa nature, il doit attendre que les *vertus* et les nombres supérieurs viennent les compléter et les nourrir ; de même qu'il ne doit pas cesser de se reposer sur ces secours supérieurs, et de croire qu'ils peuvent se renouveller comme ses besoins. C'est là ce que signifioient les vases des Hébreux, la manne dont ils les remplissoient chaque jour, et la défense faite au Peuple d'en ramasser des portions doubles.

Si l'on doutoit que cette manne eût existé en nature matérielle, il faudroit seulement se rappeller ce que l'on vient de lire ; et si nous reconnoissons que chaque jour de la vie, la manne intellectuelle

intellectuelle nous est accordée , nous aurons fait un pas assez grand pour croire à la possibilité de l'autre ; car cette derniere pourroit bien provenir d'une branche commune au même arbre , mais qui seroit descendue plus bas , comme ayant le corps pour objet.

Quant aux loix criminelles , tracées dans les Livres hébreux , quoiqu'elles soient fondées sur la plus exacte justice , je ne me propose pas de justifier leur origine , avec autant de soin que celle des loix de précepte et d'instruction dont nous avons traité jusqu'à ce moment : elles présentent trop de difficultés pour oser assurer que la main de l'homme , en les rédigeant , n'ait jamais pris la place de la main suprême ; et la principale objection est que si le Chef de la Loi étoit obligé de *consulter* la lumiere supérieure dans toutes les circonstances douteuses , il lui étoit inutile d'avoir par écrit un Code criminel.

En effet , s'il connoissoit par cette *consultation* , quelles étoient les peines décernées par la Loi contre tel ou tel crime , il le connoissoit sur la *déposition* de *deux témoins* véridiques , dont je ne puis mieux donner l'idée qu'en les comparant à la signature d'une lettre et à son contenu ; « car on sait que les Anciens commençoient sagement leurs lettres par leur nom , et que cet usage existe

encore

encore parmi plusieurs Peuples et dans les Ordonnances des Souverains ».

Mais le Chef de la Loi ayant recueilli plusieurs de ces *Sentences juridiques*, il a pu se faire
qu'il les ait destinées à lui servir de guides lorsqu'il se présenteroit des cas semblables , et qu'il
se soit borné à *consulter* sur le crime ou sur l'innocence de l'accusé.

Dans la suite , la forme de cette Jurisprudence
a pu encore dégénérer , et les successeurs des
véritables Chefs, trouvant des loix écrites pour
la punition des crimes , ont pris ces loix pour la
seule regle qu'ils eussent à consulter , et les
témoins humains pour ceux que le Législateur
avoit eu en vue : par où l'on voit quels abus ont
dû résulter de cette méprise.

Je découvre volontiers cette difficulté , pour
que ma marche ne paroisse pas suspecte , et pour
avoir le droit de prendre la défense du trésor
d'instructions qui , malgré ce mélange , se trouve
renfermé dans les Livres des Hébreux.

Contemplons ici cette Arche d'alliance , dépôt
de toutes les *Ordonnances* que le Peuple devoit
observer , pour se maintenir en force contre ses
ennemis. Comparons ce Tabernacle et les Cérémonies qu'il étoit ordonné d'y pratiquer , avec
les *premieres occupations* de l'homme , nous verrons

rons qu'ils n'offrent que la description de ces anciens symboles que la Sagesse devoit montrer de nouveau à l'homme, afin de ne pouvoir jamais être accusée de manquer à la convention qu'elle avoit faite avec lui en le formant.

Aussi fut-il recommandé à l'Agent choisi pour cette œuvre, de se conformer au plan qui lui en avoit été montré sur la montagne, afin que la copie visible étant semblable au modele que l'homme ne voyoit plus, l'homme pût se rapprocher de sa gloire ancienne et de ses connoissances primitives.

Il faut donc étudier avec soin cette copie, si nous voulons recouvrer quelques idées de son modele : il faut considérer les différentes divisions du Tabernacle, et les différens voiles qui les séparent les unes des autres, pour retracer les différentes progressions et suspensions de la lumiere pour nous ; l'*Oracle* enveloppé et couvert des ailes des Chérubins ; la couronne, ou le cercle d'or, qui la surmonte, et semble placée ainsi, comme l'anneau de Saturne, pour servir d'organe aux *vertus* supérieures qui devoient y descendre ; les *tables* dressées dans les différentes régions ; les douze pains de proposition rangés six par six, pour nous peindre les deux *loix sénaires*, sources de toutes les choses intellectuelles et temporelles ; enfin, le chandelier à sept branches répétant le nombre de la *lumiere superieure* qui éclairoit et vivifioit invisiblement ce Sanctuaire mystérieux , le siege de sa gloire.

Non seulement le Tabernacle devoit avoir des rapports avec la destination de l'Univers , mais il devoit encore en avoir avec l'homme , puisque l'homme en étoit le premier objet : ce qui fut suffisamment annoncé par cet autel quarré , qu'il fut ordonné d'y placer avec les vases et instrumens relatifs au culte qui devoit s'y exercer. Cette forme quarrée est un symbole analogue au nombre de l'homme intellectuel , symbole que l'on peut facilement démêler , et qui sera encore plus développé par la suite : » mais le propre corps de l'homme paroît y avoir aussi des rapports , puisqu'il forme lui-même un quarré par ses dimensions. En outre , cet autel étoit soutenu et transporté par le moyen de quatre bâtons creux , qui ne s'en détachoient point ; et ce type se trouve en nature physique sur la forme matérielle de l'homme. »

On ne peut considérer la fin corporelle du Législateur des Hébreux , dont la sépulture est restée ignorée, ainsi que l'histoire de ces Elus , qui sont annoncés comme ayant été enlevés dans des chars de feu, sans prendre une idée vaste et instructive de notre véritable destination.

L'homme

L'homme est un feu concentré dans une grossiere enveloppe ; sa loi , comme celle de tous les
feux , est de la dissoudre , et de s'unir à la source
dont il est séparé.

Si , négligeant l'activité propre à son Etre , il se
laisse dominer par cette enveloppe sensible et ténébreuse , elle prend un empire plus ou moins
fort & durable , selon les droits qu'il lui a cédés
par sa foiblesse, par ses penchans ou par ses jouissances. Alors son feu est étouffé ou enseveli , pour
ainsi dire, sous ce voile obscur , et l'homme à sa
mort se trouve comme confondu avec les ruines
de sa forme corporelle; ces débris mêmes devant
rester entassés sur lui, tant qu'il ne sentira renaître au centre de son existence , rien d'assez *vivant*
pour briser et détruire les liens qui l'attachent à
la région inférieure des corps.

Si , au contraire , suivant la loi de sa nature ,
il a su non seulement conserver la force et les
droits de son propre feu , mais les augmenter
encore par l'action d'un feu supérieur , il n'est
pas étonnant qu'à la mort , leur ardeur ne consume plus promptement la forme impure qui
jusques - là en avoit contraint les mouvemens ,
et que la disparition de cette forme ne soit plus
rapide.

Que sera-ce donc si l'homme entier est em-
brasé de ce feu supérieur ? Il anéantira jusqu'aux
moindres

moindres vestiges de sa matiere ; on ne trouvera
rien de son corps, parce qu'il n'aura rien laissé
d'impur. Semblable à ces Elus qui à la fin de leur
carriere, ont paru s'élever dans les Régions célestes sur des chars lumineux, lesquels n'étoient
que l'explosion d'une forme pure, plus naturelle
à notre Etre que ne l'est notre enveloppe matérielle, et que nous n'avons jamais cessé d'avoir,
malgré notre jonction avec la matiere.

Que doit-on donc penser des traductions qui
font dire à Job : *Je verrai Dieu dans ma chair ?* Il
faut penser que le texte leur est contraire. Et, en
effet, le mot נקפו *niquephou* appartient au
verbe נקף *naquaph*, qui signifie : *Il a brisé,
il a coupé, il a corrodé*, et nullement *il a été envi-
ronnné*. Et Job, après avoir reconnu que son Ré-
dempteur est vivant, et qu'il doit s'élever au dessus de la poussiere, ajoute naturellement : *Lorsque mes maux auront corrodé ou détruit mon enveloppe corporelle, je verrai Dieu*, non pas *dans ma
chair*, comme disent les Traducteurs, mais *hors
de ma chair*. Car dans מבשרי *mibbesari*, comme
dans mille autres cas, la particule מ *mem* est un
ablatif extractif qui représente l'existence, hors
d'un lieu, hors d'une chose, et non pas l'existence
dans cette chose ou dans ce lieu : ainsi le texte
porte ici précisément l'opposé des traductions.

Je laisse de côté cette multitude de faits et de
tableaux

tableaux que contiennent les Livres hébreux depuis l'époque où Moïse fut remplacé par un digne
successeur, jusqu'au temps où la forme du Gouvernement changea. Avec les principes que nous
avons établis, on peut aisément découvrir ce que
représente Josué, lorsqu'il introduit le Peuple
dans la Terre promise à ses Peres; lorsqu'il fait
la rencontre du Prince de l'Armée du Seigneur,
et qu'il prend sur les Ennemis de son Peuple, les
Villes de *Cariat-sepher* et de *Cariat-arbé*, ou la
Ville *des Lettres* et la Ville des *Quatre*; on com-
prendra, dis-je, ce que nous rappelle le Peuple
Hébreu lui-même, laissant subsister plusieurs des
Nations criminelles qu'il avoit ordre d'exterminer,
et s'oubliant jusqu'à faire des alliances avec elles.

Pour les autres tableaux qui se trouvent dans
ces Livres, on pourra aussi facilement découvrir
des interprétations naturelles et instructives; d'autant que de nos jours on a démontré que la plupart des faits qui ont paru inconcevables, l'étoient
beaucoup moins que les traductions ne le laissent
penser; les renards de Samson, par exemple,
qu'on a fait voir n'être autre chose que des faisceaux de matieres combustibles, auxquelles toutefois il se peut qu'il ait joint des *feux* plus *actifs*
que les feux vulgaires.

Je laisse de même tous les faits qui pourroient

paroître révoltans , tels que ces exécutions sanguinaires , ces cruautés opérées ou commandées
par les Chefs et les Dépositaires de la Justice , me
proposant d'en parler dans la suite de cet Ecrit.

Au reste , ce seroit être peu versé dans la connoissance de la Sagesse que d'entreprendre l'explication universelle de tout ce qui est contenu
dans les Livres hébreux : puisque non seulement
la vie d'un homme ne suffiroit pas , mais qu'il
faut peut être la consommation de tous les siecles
pour en développer tous les points.

Observons donc , que quand il s'en trouveroit
encore plusieurs d'inexplicables , par quelque
cause que ce soit, cela ne devroit diminuer en
rien, aux yeux des hommes sensés , le mérite des
faits dont les rapports avec notre Etre , et avec
la nature des choses, sont de la plus parfaite
évidence.

De ce nombre est le changement que subit
la forme du Gouvernement des Hébreux. Dans
quel temps , sur-tout, ce changement s'est-il
opéré ? C'est lorsque la sainteté de leur loi
étoit profanée : c'est lorsque l'avarice de leurs
Prêtres s'approprioit les Victimes des Sacrifices ,
et qu'ils n'exerçoient leur profession sacrée que
comme une ressource à leur cupidité : c'est enfin
lorsque ces Prêtres mêmes n'étant plus capables
de défendre l'Arche incorruptible de l'alliance

de

de l'homme, l'avoient laissé tomber entre les mains de l'ennemi, et que le Peuple se trouvoit ainsi dénué de tout ce qui faisoit sa force et son soutien. C'est alors que malgré les sages avis du dernier de ses Juges, le Peuple Hébreu voulut être gouverné par un Roi comme les autres Nations.

Mais de même que le premier des hommes, en se séparant du centre de la lumiere, se réduisit à n'avoir pour guide qu'une foible étincelle de cette lumiere; de même le Peuple Hébreu, en abandonnant ses guides naturels, et se soumettant à un Roi, n'avoit plus pour ressource que les seules *vertus* d'un homme, tantôt foible, tantôt méchant; et l'histoire des Rois est en ce genre le tableau le plus instructif que la Tradition hébraïque pût nous transmettre. Car de tous les Rois d'Israël, elle n'en montre pas un seul qui n'ait commis *le crime*; et parmi les Rois de Juda, elle n'en offre qu'un très-petit nombre qui en aient été exempts, tels qu'Aza, Josaphat et Josias; encore fait-elle des reproches au premier de s'être allié avec les Rois étrangers, et d'avoir eu dans sa maladie moins de confiance en Dieu que dans les Médecins.

Hâtons-nous d'arriver à l'époque célebre de ce Temple qui fut élevé sous le *troisieme* Roi: monument que les Traditions hébraïques repré-

 senten

sentent comme la premiere merveille du monde, et auquel les bâtards d'Ismaël rendent encore une espece d'hommage.

La construction de ce Temple, faite peu de temps après que le Peuple Hébreu eut abandonné ses guides naturels, est une répétition parfaite du sort que l'homme éprouva, après s'être séparé de la source de sa gloire, lorsqu'il fut réduit à ne plus voir l'harmonie des *vertus* divines que dans une subdivision grossiere et compliquée.

Ces images, toutes matérielles qu'elles puissent être, présentent encore à l'homme coupable, les traits de leur modele : toujours l'auteur des Etres, jaloux de leur félicité, leur offre le tableau de sa puissance, de sa gloire et de sa sagesse, pour fixer leur vue sur la grandeur et la beauté de ses perfections, et pour ramener leur intelligence à la lumiere, après que cette lumiere aura fixé leurs sens par ses propres emblêmes.

Aussi l'édifice du Temple réunissoit-il tout ce qui avoit été annoncé par les signes sensibles des manifestations précédentes.

Il avoit dans ses proportions, et dans ses mesures véritables, et non littérales, des rapports avec cette Arche dont la Tradition hébraïque fait mention, lors du fléau de la justice divine sur les prévaricateurs par l'élément de l'eau : et ainsi, le

Temple

Temple fut, comme l'Arche, une nouvelle représentation de l'Univers.

Il offroit les mêmes attributs que le Tabernacle
dont le modele fut donné au Peuple Juif lors de
la promulgation de la Loi. Car il y avoit dans
ce Temple un lieu pour les sacrifices, tels qu'ils
s'opéroient dans le Tabernacle. Il y avoit dans
l'un et dans l'autre, un *lieu* destiné à *la priere*,
lequel étoit comme l'organe des lumieres et des
dons, que la main bienfaisante de l'Eternel répandoit sur ce Peuple élu, et sur ses Chefs.

Mais tout dans ce Temple étoit plus nombreux, plus abondant, plus vaste, plus étendu
que dans les Temples précédens, pour nous enseigner que les *vertus* alloient toujours en croissant, et qu'à mesure que les temps avançoient,
l'homme voyoit multiplier en sa faveur les
secours et les appuis.

C'est pour nous instruire de ces vérités, que
chacun de ces trois *Temples* est marqué par une
distinction particuliere. L'Arche du Déluge fut
errante, et flottoit sur les eaux, pour nous peindre l'incertitude et les ténebres des premiers
temps. Le Tabernacle étoit alternativement en
mouvement et en repos, et de plus, c'étoit
l'homme même qui le transportoit et le fixoit
dans des lieux choisis ; afin de nous retracer les
droits accordés à l'homme dans sa seconde

 époque ;

époque ; droits sur lesquels il peut aspirer par intervalle à la possession de la lumiere ; enfin, le troisieme Temple étoit stable et adhérent à la terre, pour nous apprendre sensiblement quels sont les privileges auxquéls l'homme peut prétendre un jour ; privileges qui s'étendent jusqu'à fixer à jamais sa demeure dans le séjour de la vérité.

Ainsi, ce Temple de Jérusalem représentoit non seulement ce qui s'étoit passé aux époques antérieures, mais il étoit encore un des signes sensibles les plus instructifs que l'homme pût avoir devant les yeux, pour recouvrer l'intelligence de sa premiere destination, et celle des voies que la Sagesse avoit prises pour l'y ramener.

Il y trouvoit dans les sacrifices et l'effusion du sang des animaux, l'image de ce Sacrifice universel que les Etres purs ne cessent d'offrir au souverain Auteur de toute existence, en employant avec activité leur propre vie ou leur action, pour le soutien de sa gloire et de sa justice.

Ajoutons d'avance que tout étant relatif à l'homme ici-bas, c'étoit par l'*homme* même que ce sacrifice devoit s'opérer ; les sacrifices d'animaux n'ayant que secondairement la faculté de manifester la gloire du grand Etre. L'homme seul dans la Nature a le droit de lui offrir des tributs qui soient dignes de lui ; mais étant aujourd'hui à l'extrêmité de la chaîne des Etres, il s'éleve successivement par leur moyen : en mettant à découvert les *vertus* des Etres les plus inférieurs, il peut monter aux *vertus* qui les dirigent, et parvenir par cette progression jusqu'à une force *vivante* qui le mette à portée de remplir sa Loi, c'est-à-dire, d'honorer dignement son Principe, en lui présentant des offrandes sur lesquelles soient empreints les caracteres de sa grandeur.

Si le Peuple Juif a eu le dépôt de semblables instructions ; s'il a possédé un Temple qui semble être le hyéroglyphe universel ; si ceux qui y remplissoient les fonctions, nous sont annoncés comme dépositaires des loix du culte, et opérant même tous les faits dont j'ai démontré que la source étoit dans l'homme, il est probable que le Peuple Juif est en effet le Peuple choisi par la Sagesse suprême pour servir de signe à la postérité de l'homme.

D'après cela ne pourrions nous pas croire que ce Peuple fut mis, préférablement à tous les autres Peuples, en possession de ces moyens de régénération dont nous avons parlé, ainsi que de ce culte apporté nécessairement sur la Terre, par les Agens, qui ont été faits dépositaires des *vertus* subdivisées du *grand Principe*, afin de rendre à l'homme la connoissance de ce *Principe*.

 Nous

Nous le croyons d'autant plus, que nous reconnoîtrons dans le culte de ce Peuple, des rapports avec la vraie nature de l'homme, et avec ses véritables fonctions, comme nous en avons déja remarqué entre le Temple de Jérusalem et l'harmonie de l'Univers.

On verra que ces ablutions fréquentes, ces préparations soigneuses, ces holocaustes de toute espece, soit d'animaux, soit des productions de la terre, ce feu sacré toujours éclairant les sacrifices et les offrandes, étoient des emblêmes très-instructifs de toutes les fonctions des Etres envers le premier des Principes, et de la supériorité de ce Principe sur tous les Etres. L'ordre seul des temps fixés pour ces différens sacrifices, la disposition de tous les *instrumens* qui y étoient employés, la qualité des *substances* qui y entroient, le nombre et l'arrangement des *lampes*, enfin, toutes les parties de ce culte, seroient sans doute autant d'indices de quelques-unes de ces *vertus* supérieures que la Sagesse avoit subdivisées pour l'homme depuis sa corruption.

Cependant ces objets, qui ont été, pour ainsi dire, communs à tous les cultes, étant extérieurs et étrangers à l'homme, ne lui rendoient pas le sentiment de son vrai caractere. Il falloit donc que ces grands signes fussent exprimés par lui, qu'ils fussent représentés, mis en action par des

Etres

Etres de sa propre espece, afin qu'il eût le témoignage personnel et intime que c'étoit pour
une telle œuvre qu'il avoit été formé.

Si, lors de son origine, il pouvoit avoir à la
fois trois grands objets de contemplation ; la
Source de toutes les *puissances*, les *vertus* qui en
descendent pour l'accomplissement de ses *Loix*,
et les *Etres* qui ne cessent jamais de lui rendre
hommage ; il falloit qu'il lui restât dans son état
de dégradation, les indices et les traces de ce
sublime spectacle : il falloit que tous ces grands
objets fussent présens à ses yeux, et que ce fussent des hommes qui les lui représentassent.

Aussi dans l'exercice et l'ensemble du culte des
Hébreux, pouvons-nous remarquer ces trois classes avec la plus grande justesse ?

Le Peuple rangé autour du Temple, ou dans
le parvis, rappelloit à l'homme cette multitude
de productions pures de l'Infini, qui restent fidel-
lement attachées à ce Principe, autant par amour
pour sa gloire, que par intérêt pour leur propre
félicité.

Les Lévites occupés autour de l'Autel, lui re-
présentoient par leur action, les fonctions de ces
Agens privilégiés, et choisis pour faire parvenir
les dons et les *vertus* du grand Principe jusqu'aux
moindres de ses productions.

Enfin,

Enfin, le Grand-Prêtre entrant seul, une seule fois l'année, dans le *Saint des Saints*, pour y porter les vœux de tout le Peuple, et faire couler jusqu'à lui les secours de la *vie*, devenoit pour l'homme une image parlante du Dieu invisible, dont un seul acte de puissance suffit pour animer à la fois tout le cercle des Etres, tandis que de tous ces Etres qui reçoivent perpétuellement de lui les germes même de leur existence, aucun n'a jamais pénétré dans le sanctuaire inaccessible de son essence.

Et voilà comment l'homme a pu recouvrer l'idée de son premier séjour, puisqu'il en a eu sous les yeux un tableau réduit, mais régulier, puisqu'enfin il a vu retracer dans sa propre espece le Dieu des Etres, ses Ministres et ses Adorateurs.

Il y voyoit même les *signes sensibles*, et de ses anciennes jouissances, et des *fruits* qui servoient de récompense à sa *priere* ; puisque les Traditions hébraïques donnent à entendre comment ces sacrifices étoient couronnés, en nous apprenant que le Temple se remplissoit de la gloire de l'Eternel, ou de ces indices positifs de *pensées pures* dont nous avons vu que l'homme étoit environné.

Quant à cette multitude incroyable d'animaux qu'il est dit avoir été immolés lors de la dédicace

du

du Temple, et généralement dans les sacrifices des Hébreux, nous n'entreprendrons point de justifier ces récits, ni de réfuter tout ce qui a été dit sur l'impossibilité que la petite contrée des Juifs renfermât assez de bétail pour fournir tant de victimes, et qu'il y eût un nombre suffisant de Sacrificateurs pour les immoler. Ceux qui ont employé leur temps et exercé leur esprit à critiquer ces textes des Ecritures, pouvoient faire de l'un et de l'autre, un usage plus utile.

Il eût été plus prudent de chercher les moyens de pénétrer ces emblêmes, que de s'arrêter à leur enveloppe. Il falloit observer que plus les Traditions des Hébreux offrent de justesse et de profondeur dans les endroits où elles sont claires, plus on doit supposer, quand elles paroissent obscures ou invraisemblables, qu'elles le sont à dessein, pour nous cacher des vérités qui n'appartiennent qu'à l'homme intelligent, et qui seroient nulles ou nuisibles à tout autre qui n'y seroit pas préparé.

Il eût mieux valu nous rappeller combien la Langue hébraïque est rapprochée des objets de l'intelligence, puisqu'elle n'a pas même de mot pour exprimer la matiere et les élémens; il eût mieux valu, dis-je, nous montrer combien le *sens primitif* de ses mots les plus communs, est piquant, juste et sublime; et nous

apprendre

apprendre que loin de borner la Langue hébraïque à un sens particulier et littéral , elle est si vaste, que pour la saisir dans son véritable esprit, on ne doit s'occuper qu'à l'étendre ; car dans l'ordre vrai , c'est au sujet et à l'intelligence à mener les Langues , et non aux Langues à mener l'intelligence et le sujet.

Il eût été , enfin , plus utile de nous enseigner que tous les Etres corporels sont chacun un symbole d'une *faculté invisible* qui leur est analogue. Alors on pourroit prendre l'idée de la *force* dans le taureau , celle de la *douceur* et de l'*innocence* dans l'agneau, celle de la *putréfaction* et de l'*iniquité* dans le bouc, et ainsi de toutes les especes d'animaux , et même de toutes les substances qui étoient offertes en nature dans les sacrifices.

Peut-être qu'avec cette attention on seroit déja parvenu à percer le voile. Car il se peut que l'espece d'animal sacrifié fût le signe physique de la *faculté* qui lui correspond ; et que la quantité ou le nombre de victimes fût l'expression allégorique de cette *faculté* même , que le Sacrificateur cherchoit à combattre , si elle étoit *mauvaise* ; qu'il s'efforçoit, au contraire, d'obtenir du souverain Etre , si elle étoit *pure* ; ou enfin, dont il lui rendoit hommage, lorsqu'il l'avoit obtenue.

16.

Parmi les objets importants que les Traditions nous présentent, il n'en est point qui doivent nous intéresser davantage que l'élection de ces Justes, suscités par la Sagesse divine, qui ne pouvant abandonner les hommes, puisqu'ils doivent être les *signes* de sa gloire, leur en présente de temps en temps des modeles.

Aucun de ces types n'a été plus ressemblant que le juste Elie, dont le nom embrasse toutes les classes d'Etres supérieurs à la matiere, et qui s'est fait connoître par les actes les plus extraordinaires. Mais c'est parce qu'il participoit à la force du Principe de toutes choses, que l'étonnement doit cesser à la vue de semblables faits. S'il tenoit à l'*Etre* qui a tout produit, à la source d'où découlent tous les *signes* sensibles matériels ou immatériels qui sont en action dans l'univers, quelle difficulté y auroit-il que, sous le signe d'un Corbeau, il eût reçu sa nourriture d'une main supérieure ? Quelle difficulté qu'il ait dévoilé l'imposture des Prêtres de Baal, en mani-

festant

festant les forces du vrai Dieu ? Quelle difficulté même qu'il ait rendu la vie à un cadavre,
puisqu'il agissoit par ce même Dieu qui l'avoit
donnée ?

Ne soyons donc plus surpris des droits qui
lui furent accordés pour multiplier les alimens
de la veuve de Sarepta, pour contenir ou faire
tomber à son gré les pluies & les rosées, pour
consumer par le feu du ciel les Capitaines d'O-
chosias : car si nous ne perdons point de vue les
desseins de la Divinité sur nous, si nous lisons
le livre de l'homme, nous y trouverons les élémens de toutes ces merveilles.

On voit même ici quel avantage c'est pour
nous d'être toujours fortement unis par la pensée,
par le desir, et par l'action, aux *vertus* de ces
Etres privilégiés, puisque le fidele Disciple et
successeur d'Elie a répété presque tous les pro-
diges de son Maître.

Mais une des belles instructions qu'Elie nous
ait laissées, c'est lorsqu'étant sur la montagne, il
reconnut que le Dieu de l'homme ne se trouvoit
ni dans *un vent violent*, ni dans *le tremblement de
l'air*, ni dans *le feu grossier* et *dévastateur*, mais
dans *un vent doux* et *leger* qui annonce le calme
et la paix dont *la Sagesse* remplit tous les lieux
qu'elle approche : et en effet, c'est un *signe* des
plus surs pour démêler la *vérité* d'avec le *mensonge*.

Les

Les différens Justes qui ont suivi la même carriere, étoient chargés d'annoncer aux Rois et aux Peuples, le sort qu'ils devoient attendre, s'ils venoient à s'écarter de leur Loi ; et comme il y a des voies sans nombre pour s'égarer, et que les maux qui répondent à ces écarts sont également innombrables, ces Elus ayant à offrir le tableau des uns et des autres, s'en acquittoient par les moyens et les signes les plus analogues à ce qu'ils devoient annoncer.

C'est pour cela que la Justice suprême ayant dessein de faire sentir au Peuple Hébreu l'horreur de ses alliances idolâtres, lui présenta pour signe, l'union d'un de ses Envoyés avec une femme prostituée ; union qui répétoit aussi celle que l'homme premier avoit contractée avec des substances impures, si opposées à son Etre.

C'est pour cela que la Justice voulant annoncer à ce Peuple, la dispersion dont il étoit menacé, et l'état honteux où ses ennemis alloient le réduire, ordonna à un autre de ses Agens de se montrer, dépouillé de ses vêtemens, sortant d'une breche faite par lui-même à sa propre maison, et prenant secretement la fuite.

Enfin, c'est pour cela que voulant représenter au Peuple Hébreu les traitemens indignes qu'il alloit subir dans la servitude, elle ne craint pas de lui faire voir un Juste plongé dans la plus affreuse

freuse douleur, et prenant pour nourriture les objets les plus dégoûtans.

L'homme peut se reconnoître dans ces divers tableaux, dès qu'il les comparera à sa déplorable situation.

Telle fut la source de cette multitude d'allégories et de faits emblêmatiques que l'histoire des Prophétes nous offre avec des traits si extraordinaires, qu'on ne peut les concevoir, lorsqu'on les sépare des événemens secrets qui en ont été l'objet et l'occasion.

De là les erreurs multipliées de ceux qui ont osé juger ces récits, sans en connoître le sens ni les rapports : ces Observateurs se sont créés des fantômes pour les combattre avec plus d'avantage ; aussi n'ont-ils pu remporter que des victoires imaginaires.

Lorsqu'au mépris des instructions de ces différens Elus, le Peuple et ses Maîtres se furent abandonnés aux crimes de la *putréfaction*, les Livres des Hébreux nous donnent l'histoire d'une nouvelle servitude plus humiliante et plus dure encore que la premiere ; puisque, dans celle d'Egypte, les Hébreux étoient descendus volontairement dans une terre étrangere ; au lieu que dans cette seconde servitude, l'ennemi vient les attaquer jusques dans l'enceinte de leur Ville,

répandre

répandre leur sang, les arracher de leurs foyers, ravir et profaner les objets les plus chers de leur culte.

On peut même observer qu'il est dit que ces ennemis cruels firent arracher les yeux au Roi des Hébreux; et que ce Chef figurant la lumiere du Peuple, c'étoit montrer que la maniere dont la Justice sévit contre les Prévaricateurs, est d'éteindre pour eux le flambeau de l'intelligence.

Ce type fut répété pendant la servitude, par l'évasion de plusieurs Tribus, qui s'étant soustraites au joug de leurs Tyrans à Babylone, allerent au loin, et par des chemins cachés, habiter un Pays inconnu sur la Terre; là elles exercent encore dans sa pureté, le Culte de l'Eternel, selon la Loi des Hébreux; là elles expient dans le deuil et dans la tristesse, les prévarications de leurs Ancêtres, et représentent cet *organe vivant* et *pur* de nos pensées, qui s'éloigne quand nous sommes *lâches*, et qui gémit loin de nous sur nos égaremens volontaires, afin que toutes ces larmes puissent être offertes comme un tribut à la Justice de la Sagesse suprême, qui oublie les crimes des coupables pour ne faire attention qu'aux douleurs de l'innocent.

Il en est de même de l'Arche d'Alliance que les Macchabées nous apprennent avoir été déposée par Jérémie, pendant la captivité, en un lieu inconnu, où elle doit rester jusqu'à la consommation des choses.

Mais dans tous ces types, on voit sans cesse la clémence accompagner la justice, et laisser toujours l'espérance aux malheureux mortels condamnés à la privation. C'est pour cela qu'il est annoncé qu'à la fin des temps, les Tribus qui se sont exilées viendront se réunir à leur Peuple; et que l'Arche sortira du lieu caché qui la recele, avec le même éclat et la même majesté, qui environnerent la Montagne célebre où la Loi de l'alliance fut donnée à l'homme.

Un Roi vainqueur de l'Assyrie, sage, et participant aux Sciences des Hébreux, connoit que le terme de leur esclavage est arrivé; il charge un Juste, indiqué par la Sagesse divine, de les ramener dans la Terre de leurs Peres, pour y rebâtir le Temple abandonné pendant toute la durée de cette affreuse servitude, où ils avoient été privés de leur culte et de leurs vrais sacrifices; où enfin, plongés dans la tristesse, ils avoient suspendu leurs *instrumens de Musique* aux branches des saules, plutôt que de mêler leurs *chants* aux *concerts impurs* de leurs *Maîtres*. Ces tableaux sont si naturels et si ressemblans, qu'il est inutile que nous en exposions les rapports.

Il

Il en est ainsi de la différence qui se trouva entre ce second Temple et le premier. Elle étoit si frappante que ceux qui avoient connu l'ancien Temple, et qui virent bâtir le nouveau, ne purent s'empêcher de répandre des larmes ameres, tant ils sentoient le prix de celui qu'ils avoient perdu. Cela nous rappelle que le temple corporel que l'homme habite aujourd'hui, n'est qu'un cloaque, un cachot ténébreux, comparé au Temple dans lequel il fit sa premiere demeure.

Le Prêtre chargé de la réédification de ce Temple, retrouva un des exemplaires de la Loi. Ceux qui ont cru pouvoir rejeter le Prophéties des Livres Hébreux, en supposant qu'Esdras avoit lui-même fabriqué ces Livres, auroient pu faire valoir cette objection pour les Prophéties dont l'événement l'avoit précédé, mais non pour celles dont l'accomplissement ne devoit avoir lieu qu'après lui, et ils ne peuvent nier que celles-ci ne soient en plus grand nombre.

En rétablissant le culte, Esdras rétablit les offrandes de froment, de vin, et d'huile, qui avoient été en usage dans les beaux jours du Peuple Hébreu; je ne cacherai point que ces trois substances combinées sont les fondemens matériels sur lesquels repose l'édifice intellectuel du *Grand œuvre* du rétablissement des choses; parce que l'une est le *récipient*, l'autre l'*agent actif* et géné-

rateur

rateur, et la troisieme est le *lien intermédiaire*.

« Pour donner une idée des propriétés de l'huile, je ferai observer qu'elle est composée de quatre substances élémentaires qui lui donnent des rapports *actifs* avec les quatre points cardinaux de la circonférence universelle. Parmi les différentes huiles, celle de l'olivier tient le premier rang, parce que la chair de son fruit étant extérieure, reçoit par ce moyen les *premieres actions des influences* ; sans oublier que par sa qualité naturelle, elle fixe et arrête en elle ces mêmes influences. Et c'est de-là que pour peindre les prévarications des Chaldéens, Baruch nous représente des femmes brûlant devant leurs faux Dieux, des noyaux d'olive ».

Peu de temps après la délivrance de cette seconde captivité, les *Forts* cessent de *combattre*, et *deviennent semblables à des femmes*; on voit toute leur *vertu* se consumer et se corrompre ; on voit cet *Arbre choisi* devenir si foible et si stérile, que, selon l'expression allégorique des Prophètes, il ne produisoit pas même un seul *Rameau* assez fort pour qu'on en pût faire un *Sceptre* au *Prince*; on voit, dis-je, ce Peuple tomber dans un tel aveuglement, qu'il ne craint pas d'aller à prix d'argent, solliciter auprès des Idolâtres la grande Sacrificature de son propre Temple.

On

On voit ensuite un *ennemi puissant* environner ses murs, lui faire éprouver toutes les horreurs de la guerre et de la disette ; et l'on reconnoît par ces maux sans nombre, par ces fléaux terribles, l'accomplissement des menaces, qui avoient été souvent réitérées au Peuple Hébreu, dans le cas où il ne garderoit pas la Loi de son alliance ; jusques-là que des malheureux époux nourris dans la délicatesse, se trouveroient tellement pressés par la faim qu'ils s'arracheroient leur propre fruit, et qu'après l'avoir dévoré, ils se disputeroient encore cette masse informe et dégoûtante à laquelle l'homme est attaché dans le sein de sa mere. Image horrible qui apprend à la fois à l'homme corporel et son abominable origine, et la dure nécessité où il est de dévorer journellement l'amertume et l'impureté avec lesquelles le premier crime l'a confondu.

Bien-tôt *le Sacrifice perpétuel s'interrompt fauts de victimes, les monceaux de morts sont accumulés autour de l'Autel, les Soldats armés et couverts du sang de leurs freres s'établissent dans ce lieu redoutable, où le grand Prêtre seul pouvoit entrer une seule fois l'année.* C'est alors que subjugué par le nombre et par la misere, ce Peuple tombe dans une dispersion absolue. Il devient errant, sans Temple, sans Sacrificateur, sans Autel, comme l'homme depuis sa chûte rampe honteu-

 sement

sement dans la privation de ses premiers droits , et des fonctions sublimes qu'il devoit remplir dans l'Univers.

Les Fastes des Hébreux , considérés dans cet ensemble , et sous ce point de vue , nous présentent un miroir fidele , où nous pouvons contempler l'histoire de l'homme. On ne peut s'empêcher d'y reconnoître aussi des traces d'une lumiere et d'une force supérieure , dont l'homme livré à lui-même est absolument incapable ; je parle de ces *vertus* qui ont dû apporter des secours visibles jusques dans sa ténébreuse demeure , ou de ces Agens , dont plusieurs sont annoncés dans les Ecritures , comme ayant été sans Généalogie et sans Ancêtres.

Enfin , le nombre de ces Agens , les différentes époques où ils se sont manifestés , désignent cette subdivision des puissances divines , qui fait ici-bas le tourment de l'homme , mais qu'il doit subir avant de recouvrer son domaine , et dont les tableaux ne peuvent se peindre à lui sous des couleurs trop séveres , attendu que pour celui dont le dernier sentiment a été le mépris de la vérité , le premier doit être la terreur de cette même vérité.

Nous avons maintenant à fixer nos idées sur
les

les apparences de cruauté et d'injustice que nous offrent les Traditions des Hébreux, et sur le choix que la Sagesse a fait d'un Peuple qui a si mal répondu à ses bienfaits.

Arrêtons-nous d'abord à ces exécutions cruelles, à ces énormes effusions de sang opérées par la main des Hébreux, malgré la Loi formelle qui leur défendoit de le répandre; parlons de ces fléaux lancés sur des Peuples innocens pour l'expiation des fautes de leurs Chefs; parlons, dis-je, de toutes ces souffrances dont plusieurs ont été les victimes, non seulement pour les prévarications de leurs Ancêtres, mais encore pour celles d'autres coupables, avec qui ils sembloient n'avoir pas les mêmes rapports.

La premiere de ces difficultés se résoud par la contradiction même. Plus la défense faite au Peuple Hébreu de répandre le sang étoit précise, plus la Sagesse faisoit connoître que le droit de Justice lui étoit réservé à elle seule, et qu'ayant pu seule donnner la vie aux hommes, il n'y avoit qu'elle qui eût le pouvoir légitime d'en disposer.

Mais en se réservant le droit exclusif d'agir sur l'homme, cette Sagesse ne perd pas le droit d'agir par lui; ainsi, de quelque maniere qu'elle montre son action, elle ne change rien aux Loix qui la constituent; puisque c'est toujours elle qui

(F 4)

opere,

opere , et puisqu'en employant la main de l'homme , elle ne fait qu'exercer d'une maniere plus rapprochée de l'état grossier des coupables, l'empire qu'elle exerce continuellement sur toute la postérité de l'homme , comme sur tous les Etres.

L'homme n'étant alors que l'agent ou l'organe de la Justice , il n'y a pour lui ni prévarication ni crime , et tant qu'il ne répand pas le sang par sa propre autorité , et pour sa propre cause , il n'est point comptable aux yeux de la Justice. Vérité que les hommes ont souvent appliquée mal-à-propos à leur Justice conventionnelle , et à tous les ressorts de l'ordre social , tandis qu'elle ne convient qu'à l'homme dans sa véritable Loi : vérité néanmoins dont cette Justice humaine conserve encore les traces et l'empreinte , puisqu'elle regarde comme innocens, tous ceux qui jugent et qui tuent au nom du Prince , et qu'elle ne sévit que contre ceux qui jugent et qui tuent en leur propre nom.

L'Ecrivain Hébreu nous montre en effet combien la main de l'homme étoit passive dans ces grands événemens, et combien elle étoit dirigée par une force supérieure , puisqu'en un instant et par le moyen d'une quantité d'hommes insuffisante , il nous en présente souvent des nombres prodigieux immolés à la Justice.

Quant

Quant à ces exécutions sanguinaires et cruelles, pour des crimes auxquels le Peuple n'avoit
point participé; sans rappeller ici ce qui a été dit
sur le crime de l'homme, on doit distinguer les
crimes particuliers d'avec ceux qui sont communs
à toute une Nation. Car la constitution des corps
est telle, que le mal comme le bien sont rever-
sibles sur tous les membres. Nous en voyons
même des exemples dans l'ordre simple des
choses humaines.

D'ailleurs ce qui devroit étouffer tout mur-
mure, c'est cette incertitude où nous sommes si
la Sagesse suprême ne paie pas les services qu'elle
exige de nous; si, après qu'elle a exercé ses pouvoirs sur les objets de sa Justice pour effrayer
l'œil du coupable, elle ne les dédommage pas
des travaux qu'ils ont supportés; si, enfin, plus
noble et plus féconde que tous les Souverains de
la Terre, elle ne peut pas verser dans l'ame des
hommes quelques rayons de sa gloire, qui mettent à leurs yeux les récompenses au dessus de
tout rapport avec les peines et les services. En
considérant sous ce point de vue la marche de
cette Sagesse, qu'avons-nous à dire, lorsqu'elle
nous emploie? L'injustice n'est pas de faire travailler l'ouvrier, mais de le faire travailler, et
de lui retenir son salaire.

Si l'on veut ensuite rassembler dans la pensée
les

les maux qui sur toute la Terre affligent la postérité de l'homme, et les comparer avec les fléaux de toute espece, dont, suivant les Traditions Hébraïques, le Peuple Juif a tant de fois éprouvé la rigueur, on y verra seulement que ces peines ont été plus rapprochées et plus multipliées sur le Peuple destiné à manifester tous les effets des *vertus* divines.

Car, malgré la difficulté d'admettre des fléaux si généraux, et des maux si nombreux, infligés à la fois sur une seule Contrée et sur un seul Peuple, je l'ai déja dit, les prévarications générales ont dû attirer des molestations générales. Et d'après ce que nous avons laissé entrevoir sur les droits de la volonté de l'homme, soit pour, soit contre lui-même, il n'y a plus de moyens ni de faits qui doivent le surprendre, ni lui paroître surnaturels à sa véritable essence.

Il est vrai qu'en général les maux naturels qui affligent les Nations, s'opérant sans le concours de la main de l'homme, sont hors de comparaison avec les faits rapportés dans les Livres des Hébreux, où la Justice divine contre les coupables s'exerce presque toujours par des hommes. Mais si la Sagesse suprême a pu faire choix d'un Peuple parmi tous les autres Peuples, pour l'accomplissement de ses desseins; si elle a

vraiment

vraiment fait ce choix pour retracer à l'homme le rang privilégié qu'elle lui avoit donné autrefois entre toutes les autres puissances ; quel que soit ce Peuple choisi, il faut que nous voyions réunies en lui toutes les actions diverses qui constitueroient un ordre d'Etres, s'ils étoient dans leur état de perfection.

Mais la postérité de l'homme étant dans la dégradation, ne peut représenter cet ordre d'Etres qu'avec une très-grande irrégularité ; et cette irrégularité consiste à montrer dans une même espece toutes les actions des especes opposées. Elle consiste à tellement rétrecir le tableau, que dans le même ordre d'Etres, on voit des *vertus* actives et des *vertus* passives ; elle consiste en ce que dans une même Race, dans un même Peuple, il se trouve à la fois le Juge, le Vengeur et le Coupable, pendant que ces noms devroient appartenir à des Etres différens.

« Quant à la défense de répandre le sang, cherchons pourquoi il est dit dans les Livres hébreux, que Dieu redemandera l'ame de l'homme à la *main* de l'homme, et même à celle des animaux ».

« Et au sujet du mot *main*, relevons d'abord une erreur des Traducteurs. יד *iad*, *main*, vient de ידה *iadah*, *il a lancé* ; parce qu'en effet la
m ain

main est l'instrument qui lance. Mais le mot יד *iad* signifie aussi *force* , *puissance*. Or si l'intelligence avoit conduit les Traducteurs, ils auroient dit dans les Proverbes que la mort et la vie étoient *dans la force de la langue* , ce qui eût été très-expressif ; au lieu de nous dire , comme ils l'ont fait , qu'elles étoient *dans la main de la langue* , ce qui n'offre qu'une idée inintelligible et extravagante ».

« Transformons donc ici le mot *main* dans le mot *puissance* , et rappellons-nous quels dangers ménacent l'homme impur qui sort de son corps avant son temps ».

« La Loi des Etres étant irrévocable , ils sont forcés de la remplir ; or si l'homme intellectuel doit séjourner pendant un temps dans le sang , et qu'on le prive du sien , il s'attache à un autre sang ; et communément à celui de son meurtrier , soit homme , soit bête , parce qu'alors ce sang est plus prochain et plus développé ».

« Dans ces deux cas , il ne peut résulter que de très - grands désordres pour lui , puisqu'un Etre ne peut habiter que le corps qui lui est propre et naturel. En s'attachant au sang d'un autre homme , il le gêne sans trouver à s'y reposer , parce qu'un autre Etre siege dessus ; en s'unissant au sang de la bête , il se lie à des entraves encore plus grossieres et plus étrangeres à lui-même , lui-même, et tous ces maux sont autant d'obstacles qui le retardent et le molestent pendant sa marche ; on peut donc voir pourquoi Dieu redemandera l'ame de l'homme à la *main* où à la puissance de tout ce qui est sang, puisque l'homme est sa dîme par les rapports *originels* de son quaternaire avec *dix* ; on peut voir sur quoi est fondée l'horreur que les hommes ont généralement des meurtriers ; enfin, pourquoi toutes les Nations de la Terre ont regardé comme couverts de la derniere marque de réprobation, ceux dont les cadavres sont exposés à être la pâture des oiseaux et des autres animaux ».

Venons à la seconde question, concernant l'ingratitude du Peuple choisi.

La plupart des Observateurs sont choqués de ce que les Livres hébreux, présentant un Peuple élu par la Sagesse suprême, pour être comme le miroir de ses *vertus* et de ses loix, ce Peuple soit devenu le plus grossier, le plus barbare et le plus ignorant de la Terre ; de ce que loin de combattre pour la main qui l'avoit choisi, il s'arme à tout moment contr'elle ; de ce que n'observant que la lettre des Préceptes de cette Sagesse, il a été comme inutile à ses desseins.

Si les Observateurs avoient ouvert les yeux sur la véritable destination de l'homme, sur l'amour inextinguible

inextinguible de son Principe, qui brûle de zele
et d'ardeur pour lui, sur la persuasion de tous les
Peuples que ce Principe s'occupe sans cesse à
les délivrer de leurs ténebres et de leurs privations, ils auroient reconnu que les Livres des
Hébreux, ainsi que toutes les autres Traditions,
n'étoient que l'histoire de l'homme.

Ils auroient reconnu que ce Principe premier,
dont l'homme étoit chargé de manifester l'image
sur la Terre, lui fournissoit encore ici-bas les
moyens d'accomplir sa destination; que celui de
tous, le plus sensible étoit de lui montrer, dans
sa propre postérité, le type de ce qu'il auroit été,
s'il eût conservé les droits de son origine; qu'ainsi
ce Principe premier avoit pu et dû choisir parmi
cette postérité criminelle, quelqu'Etre moins coupable et plus rapproché de lui, le rendre dépositaire des *vertus* que sa Justice permettoit d'accor-
der à la Terre, pour la ramener à son centre;
donner à cet être, par une suite de la convention primitive, la promesse que s'il en faisoit
un usage légitime, non seulement il les conser-
veroit pour lui et pour sa postérité, mais encore qu'il les augmenteroit sans fin et jusqu'à
l'immensité des nombres; que si, au contraire,
lui et ses descendans venoient à les mépriser,
tous ces dons leur seroient retirés, et qu'alors au
lieu d'éclairer les Nations, et de les ramener à

leur

leur centre, ils deviendroient l'objet de sa Justice et l'opprobre de la Terre.

Les Observateurs auroient vu enfin, que c'étoit
répéter dans un tableau sensible et temporel,
cette convention premiere sur laquelle l'émanation de l'homme étoit fondée, et par laquelle il
devoit jouir de tous les avantages inhérens à la
splendeur de sa source, s'il y demeuroit attaché,
comme il devoit attendre tous les maux et tous
les avilissemens, s'il s'en séparoit.

Mais, quoique la suprême Sagesse ait pu
et dû faire temporellement le choix dont nous
parlons ; quoiqu'elle ait élu un Etre juste pour lui
confier le trésor de ses bienfaits, puisque nul
impie ne peut y participer ; si dans la suite la
postérité de ce Juste vient à s'écarter de sa loi,
qu'elle devienne par conséquent un réceptacle
d'ignominie, et l'objet du mépris de tous les
Peuples, dira-t-on pour cela que le choix de cette
Sagesse ait été indigne d'elle ? Et le premier
choix qu'elle auroit fait, en auroit-il été moins
pur, quoiqu'il fût devenu l'impureté même ? Il
faudroit donc dire que l'homme, émané de la
Sagesse suprême, fut sans gloire et corrompu
dans son origine, parce qu'aujourd'hui nous le
voyons ramper dans le crime et l'opprobre.

Avouons donc que ce Peuple, malgré qu'il ait
si peu secondé la main qui l'avoit choisi, n'étoit

pas

pas moins, lors de son élection, le flambeau vivant qui devoit briller dans nos ténebres, et nous
retracer des tableaux temporels dont l'homme invisible est le modele. Enfin, reconnoissons qu'il
devoit être la preuve parlante du principe qui a
été exposé sur la nécessité de la communication
des *vertus* subdivisées de la Sagesse suprême parmi
les hommes.

On ne peut nier même que dans la dispersion absolue à laquelle il est livré, il ne présente
encore des indices de cette vérité. Ce Peuple
choisi par la Sagesse pour être son signe sur la
Terre, représentoit l'état glorieux de l'homme
dans la pureté de son origine, et les sublimes
fonctions qui l'appelloient à manifester cette Sagesse dans l'Univers: ce Peuple représentoit même
l'ordre et l'harmonie de cette Unité suprême que
tous les Etres devroient contempler sans cesse,
afin de se conformer à la régularité de leur modele; en un mot, il étoit comme le fanal des Nations et le flambeau qui devoit successivement
les éclairer.

Lorsque le Peuple hébreu est tombé dans de
coupables divisions, lorsque ses crimes l'ont en-
traîné dans l'oubli de ses titres, dans un culte faux
et impie, et dans la rigoureuse dispersion qui en
devoit être la suite, sa nature premiere n'a point
changé:

changé : quoique l'exercice de ses droits et de ses facultés lui soit retiré, son unité d'élection n'a point été anéantie : quoique les membres de ce corps se soient entiérement dispersés et subdivisés, ils conservent toujours leurs rapports fondamentaux.

Ainsi ce Peuple offre toujours l'empreinte primitive qui le constitue ; il a toujours sur lui le *sceau* du Ministere auquel il fut appellé ; et il porte par-tout son essence indélébile, comme l'homme a conservé la sienne, malgré son crime et sa dégradation. Ainsi, lorsque la Justice suprême laisse ce Peuple errer parmi toutes les Nations, elle leur montre toujours en lui des traits, quoiqu'altérés, d'une origine respectable, qui attestent l'existence des *vertus* et perfections divines ; enfin elle leur représente encore les colonnes du Temple, quoiqu'elle ne les offre que renversées.

Par-là elle donne donc encore aux Nations, dans des images défigurées, les indices secrets de ces *vertus* que l'amour et la sagesse ont fait pénétrer dans les demeures des hommes, pour leur montrer toujours des tableaux vivans de l'Etre vrai sur lequel fut modelée leur existence ; et ce Peuple étant dispersé parmi toutes les Nations de la Terre, elles ont à la fois devant les yeux, et les Agens qui devroient être les organes de la vérité, et les fléaux qui les poursuivent pour avoir osé la mépriser.

Nous ne pouvons mieux terminer ce qui con-
cerne les Traditions des Hébreux, qu'en montrant sur quoi reposent les sublimes privileges
dont ce Peuple est dépositaire. C'est qu'il est celui qui a eu dans sa Langue le premier *Nom* po-
sitif et collectif de toutes les facultés et de tous
les attributs du grand Etre, *Nom* qui renferme
distinctement le *principe*, la *vie*, et l'*action pri-
mordiale* et *radicale* de tout ce qui peut exister ;
Nom par lequel les astres brillent, la terre fruc-
tifie, les hommes pensent ; *Nom* par lequel j'ai
pu, Lecteur, écrire pour vous ces vérités, et par
lequel vous pouvez les entendre.

Ce grand *Nom* a passé, il est vrai, dans toutes les autres Langues de la Terre ; mais il n'a
porté dans aucune, l'image complette qu'il présente dans la Langue des Hébreux. Les unes
n'en ont fait qu'une dénomination indicative de
l'existence d'un Etre supérieur, sans rien exprimer de ses *vertus*. D'autres ont conservé quelques-uns de ses traits principaux ; mais ayant fait
abstraction de tous les autres, elles n'ont pas
peint à notre intelligence un juste tableau de
notre Dieu. D'autres enfin, telles que les Langues voisines de l'hébreu par leur antiquité, ont
conservé en grande partie les lettres qui composent ce *Nom* du Dieu universel ; mais en
ayant altéré la forme et la prononciation ; elles

ont

ont bientôt cessé d'y attacher les vastes et profondes idées dont il est le germe. L'Hébreu
seul possede intact ce *Nom* suprême, tige sur laquelle sont et seront entés tous les autres *Noms*
destinés au soutien de la postérité humaine. Ne
soyons donc point étonnés que ce Peuple nous
soit présenté comme étant le fanal des Nations,
et le foyer visible sur qui, depuis la chûte de
l'homme, ont réfléchi les premiers rayons du
grand Etre.

Nous croyons avoir présenté jusqu'ici un ensemble de principes assez liés, assez conséquens,
assez vrais, pour renverser toutes les doctrines
de l'erreur et du néant, et nous ne doutons pas
de leur en avoir substitué une plus solide, plus
lumineuse et plus consolante. Si l'homme a négligé jusqu'à présent de chercher à manifester
les propriétés de la source dont il descend, au
moins ne peut-il plus l'accuser, ni se plaindre
qu'elle ne lui en ait pas fourni les moyens.

Car, quoique l'homme, par une suite naturelle de ses écarts, ait été réduit à ne pouvoir
contempler les images des facultés divines, que
dans une subdivision douloureuse et pénible,
elles se sont tellement multipliées pour lui,
qu'elles ne laissent plus de motifs à ses plaintes.

Non seulement toutes les substances et toutes
les actions de la Nature expriment chacune un

(G 2)　　trait

trait des facultés créatrices qui les ont produites; non seulement tous les faits de l'homme annoncent qu'il est émané d'une source pensante, qu'il en a été séparé par un crime, et que par un besoin indestructible et par la loi qui le constitue, la Sagesse et lui doivent sans cesse tendre à se réunir; mais encore toutes les Traditions de la Terre démontrent que cette source n'a cessé de se rapprocher de l'homme, malgré sa souillure; qu'elle circule autour de lui par des canaux innombrables dans toutes les parties de son habitation corrompue, et qu'elle se montre visiblement sur tous ses pas.

Ainsi, tout ce que l'homme peut appercevoir par les yeux corporels, tous les actes qu'il peut exercer et produire selon les loix de la Région sensible, tout ce qu'il peut recevoir par la pensée, tout ce qu'il peut même apprendre par les Traditions, par les différentes doctrines de ses semblables, par le spectacle d'un culte sublime donné à la Terre, par l'état honteux et méprisable de ceux qui l'ont perdu pour l'avoir profané; enfin, par le tableau passé et présent de tout l'Univers; ce sont là autant de témoins irrévocables qui lui parlent le langage de son Principe et de sa Loi.

Si la Sagesse forma l'homme sous la condition expresse qu'il la manifesteroit dans l'Univers,

ne la croyons donc plus injuste , ni impuissante ,
en contemplant les voies qu'elle ne cesse d'employer pour rétablir l'union qui auroit dû toujours régner entr'elle et nous ; reconnoissons , en
un mot , que tandis que nous manquons sans
cesse à notre *convention*, la Sagesse ne s'occupe
qu'à remplir la sienne.

17.

CHERCHONS maintenant à nous mettre en
garde contre l'abus que les hommes ont fait de
ces vérités , et considérons les différentes branches de la *Science* qui dans leurs mains ont été
si souvent séparées de leur *tige naturelle*.

Je remplirai d'autant plus volontiers cette tâche que les temps semblent approcher où il
devient en quelque sorte nécessaire de rappeller
les hommes à ces objets importans. Les traces de
la barbarie se sont effacées ; on se lasse de ces
études vagues et oiseuses qui leur ont succédé ;
les systêmes absurdes qui s'étoient élevés trop
précipitamment sur leurs ruines , s'ensevelissent
dans les ténebres , et paroissent tendre à leur fin ;

 et

et quoique ces plantes vénéneuses aient poussé en divers lieux de profondes racines, comme elles ont jeté à la fois toute leur semence, il ne leur en reste plus pour s'accroître, en sorte qu'elles doivent s'anéantir par leur propre impuissance.

Parmi les débris informes de ces colosses de l'imagination et de la corruption, nous voyons paroître une classe d'Observateurs prudens et judicieux, qui, instruits par les égaremens de ceux qui les ont précédés, s'attachent à rendre leur marche plus assurée.

Un secret penchant fixe leur attention sur les vestiges des vérités éparses dans l'Univers. Leur émulation dirigée en quelque sorte par la Nature, leur fait découvrir journellement des traits de lumiere, dont quelques momens plutôt, ils n'auroient pas soupçonné l'existence; en un mot, les esprits fermentent, et se purgent sensiblement des substances étrangeres avec lesquelles ils se sont si longtemps confondus.

Il est donc probable que les Observateurs s'étant occupés encore quelque temps, des loix des Etres, des phénomenes célestes et terrestres, des rapports physiques de l'homme avec tout ce qui existe, du rapprochement des Langues, du véritable sens des Traditions, appercevront enfin l'immense contrée des connoissances de l'homme, et qu'ils jouiront alors d'un

système

systême de Sciences, vrai, conséquent, universel.

Observons ici que la plus importante et la
principale de toutes ces découvertes, ce seroit
de reconnoître la *sensibilité* de la *Terre*; car
il est facile de s'assurer que notre planete jouit
de cette faculté, puisque nous en jouissons nous-
mêmes corporellement, et que notre corps vient
de la terre.

De même que les plus petites parties de notre
corps communiquent en effet leur sensibilité
jusqu'au Principe corporel immatériel qui nous
anime, de même tous les Etres terrestres communiquent invisiblement la leur jusqu'au *Principe sensible* de la Terre. Et l'on doit juger
quel est l'extrême degré de sa sensibilité, puisqu'elle réunit, et la nôtre, et celle de tous les
autres Etres sensibles de notre Région, sans
compter qu'elle a des rapports d'un autre genre,
avec d'autres classes d'Etres qui sembleroient
encore plus éloignés, et ne pouvoir correspondre avec elle que par leur *nombre* et par leurs
actions secondaires.

Mais, pour mieux comprendre l'importance
de cette doctrine sur la sensibilité de notre
Globe, sachons qu'il est la *base* de tous les
phénomenes sensibles, comme l'homme est la

(G 4)

base

base de tous les phénomenes intellectuels , et
qu'ainsi la Terre et l'homme sont les deux points
sur lesquels réfléchissent toutes les *actions* et toutes
les *vertus* destinées à se manifester dans le temps.

Voilà une des sources de ces sublimes connoissances vers lesquelles les hommes paroissent
marcher sans le savoir , et qui doivent leur
apprendre un jour quelle est la véritable occu-
pation et la véritable destination de leur Etre.

Mais on ne peut réfléchir sur l'homme , sans
reconnoître que cette époque peut-être aussi à
craindre qu'à desirer pour lui.

Car dans quel temps l'*arbre de la Science* n'a-
t-il pas été accablé sous le poids des *rameaux
étrangers* qui s'y sont entés ? Nous avons vu que
l'Idolâtrie provient de ce que l'homme est descendu de l'idée pure et du culte simple de son
Principe à des *objets inférieurs.*

Or si le temps matériel n'a commencé pour
l'homme qu'avec son crime , on voit combien il
lui est difficile qu'étant dans le temps matériel ,
il ne soit dans l'Idolâtrie.

En effet , qu'est devenu ce *culte simple* auquel
l'homme étoit appellé par sa nature , et dont il
a apperçu si peu de vestiges autour de lui depuis
sa dégradation ? Ce *culte* que des Etres purs et
indépendans des entraves qui nous resserrent,

offrent à l'Eternel selon leurs *vertus* et leur *nombre*? Trop sublime pour la Terre, il se dérobe à nos yeux, et ne nous permet plus de le contempler.

L'oubli de ce culte ayant été le premier pas que fit l'homme en s'éloignant de son Principe, sa seule ressource fut dans ces *Agens* purs, jadis ses *Ministres*, maintenant ses *Maîtres*; ces Agens liés au temps comme lui, mais non pas renfermés comme lui dans les entraves d'un corps grossier et corruptible; enfin, ces Agens sur lesquels Dieu *écrit* sans cesse aujourd'hui, comme il *écrivoit* autrefois sur l'homme, et qui à leur tour *écrivent* sur toutes les parties de l'Univers, afin que l'homme soit par-tout à portée de s'instruire.

Nous pourrions dire, en quelque sorte, que nous vivons habituellement dans les loix de cette *seconde classe*, puisque nous recevons des pensées journalieres qui ne peuvent nous venir que de ceux qui la composent et qui l'habitent. Cependant, comme nous sommes presque toujours *passifs* dans ces *communications*, et qu'un *culte* quelconque annonce de l'*activité*, on doit présumer que cette seconde classe présente à nos études des *objets* plus *physiques*, plus *pressans*, plus *positifs*, et que dès-lors elle exige des *soins* plus vigilans et mieux *dirigés* que ceux qui occupent la plupart des hommes.

Cette

Cette classe, sans être aussi parfaite que la
première, est le plus haut terme où l'homme
puisse sagement porter ses vues pendant l'instant
rapide qu'il passe sur la terre; elle ne demande
aucunes matieres, aucuns instrumens, aucuns
organes étrangers à ceux dont l'homme est pour-
vu par sa nature; l'homme dès sa naissance en
apporte avec lui tous les *matériaux* et toutes les
bases; sans cela jamais cet édifice ne se pourroit élever.

Cette classe connoît néanmoins des *temps* et
des *suspensions* dans les actions qui lui sont per-
mises, attendu que telle est la loi de tous les
Agens renfermés dans le temps; et s'il est des
Maîtres qui enseignent le contraire, ils sont ou
ignorans ou imposteurs.

Mais plus cette classe est sublime, plus il est
difficile à l'homme de s'y maintenir; il faut pour
l'atteindre, que tout ce qu'il y a de prestiges en lui,
disparoisse et s'anéantisse, pour ne laisser briller
que son essence pure et réelle. Tout en conservant
cette intégrité indestructible de son Etre, les illusions qui le remplissent, doivent faire place à des
substances solides et vraies; comme ces tendres
végétaux qui dans la terre perdent leur mollesse,
et reçoivent dans leurs canaux une matiere durable, qui, sans changer leur forme, leur donne
une consistance à toute épreuve; enfin, l'homme

joignant

joignant la *vie* d'un *autre Etre* à la sienne propre, doit se renouveller perpétuellement sans
cesser d'être lui-même, et la *vie* de cet autre
Etre est celle de l'Infini.

Ne soyons donc pas surpris si cette classe
a paru si élevée à ceux qui l'ont connue, que
depuis la chûte de l'homme, plusieurs d'entr'eux
ont borné là leurs adorations, et que ç'ait été la
premiere source de l'Idolâtrie temporelle.

Il y a une *classe inférieure* à celle-ci; quoiqu'elle ne soit qu'au troisieme rang, elle est la
plus conforme à l'état infirme et dégradé de
l'homme; elle est mixte comme lui, elle renferme comme lui deux *bases* considérables.

La premiere de ces bases a pour objet les connoissances analogues à la véritable nature de
l'homme; la seconde n'embrasse que la nature
sensible; toutes deux sont pures, respectables,
pleines de merveilles pour qui sait en suivre
les rapports, et n'y apporte qu'une intention
simple, tranquille, humble, et disposée plutôt
à contempler, à admirer ces beaux spectacles,
qu'à régner sur eux, et à se glorifier d'y avoir
place.

Toutes deux sont les dépôts de ces emblêmes
hiéroglyphiques qui ont servi de germe aux symboles de la Fable; toutes deux ont été connues

par

par plusieurs Sages anciens et modernes ; toutes deux sont la source des différens Cultes qui s'exercent visiblement sur la Terre, parce qu'il n'en est aucun qui n'en ait au moins des vestiges ; et quand ces traces seroient encore plus altérées, les desirs purs et constans de l'homme qui les parcourt dans la simplicité de son cœur, peuvent leur faire recouvrer leur efficacité primitive.

Si la premiere de ces bases doit servir de modele à la seconde, la seconde doit soutenir la premiere, pour satisfaire à toutes les loix de notre Etre, et pour mettre un équilibre parfait dans toutes les facultés qui nous composent : car si l'homme aspirant à la *science intellectuelle*, néglige les *ressources* que la Nature lui présente, il court risque de ne faire que passer de l'ignorance à la folie.

En effet, si la Nature élémentaire nous est nuisible, c'est lorsque nous nous laissons asservir par elle, et non lorsque nous en pénétrons les *vertus*. En un mot, ignorer la Nature, c'est ramper devant elle, c'est se subordonner à elle, et rester livré à son cours ténébreux ; la connoître, c'est la vaincre, et s'élever au dessus d'elle ; et ceux qui s'occupent des *objets vrais*, reconnoissent si bien son utilité, que quand ils sont fatigués par une trop grande abondance *des fruits de leurs études*, il leur suffit quelquefois de de fixer un objet physique pour se soulager.

D'ailleurs, si nous nous trouvons placés au milieu de ces objets physiques, c'est une preuve que l'Etre suprême veut que nous commencions à le connoître de cette maniere ; s'il nous a mis ce livre devant les yeux, c'est pour que nous le lisions préalablement aux *livres* que nous ne voyons point encore. Enfin, c'est un des plus grands secrets que l'homme puisse connoître, que de ne pas aller à Dieu tout de suite, mais de s'occuper long-temps du chemin qui y mene.

Gardons-nous néanmoins de jamais séparer cette base inférieure, du *mobile intellectuel* qui doit la vivifier, et qui en est le vrai but. C'est-à-dire, tâchons de ne point contempler ces objets physiques, sans prendre pour guide le *flambeau de l'intelligence* ; car elle est le Dieu de la Nature. Sans cette lumiere nous ne verrons en eux qu'une apparence confuse, et nous ne pénétrerons jamais dans la sagesse de l'ordre et de l'harmonie qui les constituent, de même que nous n'approcherons jamais du Dieu supérieur à l'intelligence, si nous ne commençons par *diviniser* notre cœur, attendu que rien ne s'opere que par analogie.

Gardons-nous de perdre de vue ce but supérieur, et de nous borner exclusivement aux connoissances

noissances sensibles et élémentaires ; c'est le danger dans lequel sont tombés les hommes de presque tous les temps ; c'est celui où tomba Ismaël, et ensuite Esaü, qui perdit par-là son droit d'aînesse. Et voilà pourquoi les Arabes qui viennent d'Ismaël, et qui ont été des sources si fécondes des Sciences naturelles, qu'ils passent en ce genre pour être les Instituteurs de toutes les Nations, sont demeurés néanmoins au dessous de la véritable destination de l'homme.

C'est en s'éloignant encore plus de cette classe, que les Mahométans ont réduit la Religion des Arabes à de simples observances corporelles sans intelligence et sans lumiere ; que chez eux, la liberté des sens est pour ainsi dire sans frein : et peut-être n'est-ce pas sans des raisons relatives à cet objet, que Mahomet se disoit inspiré par l'Ange de la Lune.

Ainsi, pour obtenir un ensemble complet de connoissances et de *vertus*, il est clair que les *deux bases* intellectuelle et élémentaire doivent se prêter mutuellement des secours.

De la division de ces deux bases, opérée par les Arabes, aussi-bien que par les premiers hommes, est résultée une source immense d'abus et d'erreurs, qui forment une quatrieme classe. Les hommes de cette classe, entraînés vers les substances

stances naturelles, ont rétreci leur vue à force de
les fixer seules.

Ils n'ont eu pour but que l'Etre inférieur de
l'homme ; et s'ils se sont occupés quelquefois de
son Etre supérieur, c'est pour ne lui présenter
que des objets qui ne sont pas dignes de lui.

De-là sont nées dans tous les temps, ces Sciences fondées sur des formules et sur des secrets ;
ces Sciences dont tout le succès, selon ceux qui
les enseignent, dépend exclusivement d'une matiere morte, d'amulettes, de pentacles, de ta-
lismans ; ou de l'observation des objets sensibles, du vol des oiseaux, de l'aspect de certains
astres, des linéamens et de la structure du corps
humain; ce qui est compris sous les noms de
Géomancie, Chiromancie, Magie, Astrologie, toutes Sciences dans lesquelles le *Principe*
étant subordonné aux *causes secondes*, laisse
l'homme dans l'ignorance de la *vraie Cause*. Or
de l'ignorance à l'erreur et à l'iniquité, il n'y a
qu'un pas ; comme un terrain inculte, couvert
de ronces, devient bientôt un repaire de serpens.
C'est par-là que des Maîtres aveugles et imposteurs, abusant de la foi des Peuples dont ils
flattent les passions et les vices, détournent journellement les hommes de leur destination originelle, et du véritable objet de leur confiance.

Je ne parle point de ceux qui jouissant parmi
les

les hommes de la réputation la plus célebre,
sont encore au dessous de ceux que je viens de
peindre ; non seulement ils ont éloigné comme
eux, le mobile invisible qui préside à toutes les
loix des Etres ; non seulement ils sont devenus
aveugles sur la destination et le Principe des
choses naturelles, mais ils ont même perdu la
connoissance des propriétés des moindres substances ; ils n'ont observé que les effets extérieurs
des corps, sans s'occuper des vrais rapports de
ces Etres avec l'homme.

Cependant l'intelligence de l'homme ne pouvant pas toujours sommeiller, ils ont cherché au
moins les loix et les rapports que ces Etres pouvoient avoir entr'eux ; mais ayant séparé ces
Etres de leur Principe, ils se sont vus forcés
de les expliquer par eux-mêmes ; et de-là sont
résultées ces doctrines matérielles et incohérentes
de la production des astres, par des divisions
d'une même masse de matiere en incandescence ;
ces comparaisons si rabaissées de la naissance
de ces grands et vivans mobiles, avec les fusions
passives et mortes de nos substances terrestres ;
systêmes qui coûtent à leurs Auteurs infiniment
plus d'efforts qu'il ne leur en auroit fallu pour
s'élever d'abord à un Principe actif ordonnateur
de tous les Etres, qui infuse en chacun d'eux une
mesure de *force*, de *vertus* et de *vie* analogue à

ses

ses desseins ; parce qu'il n'y a que le faux et l'erreur qui tiennent l'homme en travail , et qu'il est dans une action paisible et naturelle quand il est dans la vérité. Mais je l'ai dit , je ne dois pas parler de cet ordre de Savans ; ils sont nuls relativement à la science et aux objets dont nous traitons.

Enfin, il existe une *cinquieme classe* de Sciences , et c'est celle de l'abomination même ; elle a des *moyens* , des *emblêmes intellectuels* et *sensibles* comme les classes précédentes ; elle connoît le *nombre* et les *propriétés* de la *fumée* ; elle a un *culte* , il faut même une certaine pureté pour l'opérer ; enfin , il y a une Nation sur la Terre qui vend aux autres Peuples une partie des *ingrédiens* nécessaires à ce culte ; mais les *résultats* en sont horribles ; les *signes* en sont communément tracés sur ceux qui la professent et qui l'exercent , afin que les hommes aient devant eux les exemples parlans de la Justice. Car l'*objet* de cette Science étant *faux* et corrompu , elle conduit les hommes par des sentiers inverses de ceux de la vérité. Mais aussi cette vérité étant par-tout, les monstres dont nous parlons ne peuvent faire un pas sans la rencontrer , et ne se présentant point à elle par les *sentiers naturels* , ils ne l'approchent que pour en

II. Partie. (H) être

être repoussés ; ils ne la connoissent que pour éprouver ses rigueurs, et non pour jouir de la paix qui lui est propre.

A ces différentes classes de Sciences, il faut joindre les nuances intermédiaires : on ne doit pas oublier que chacune de ces classes peut mener à des termes indéfinis, soit dans le nombre des branches qu'elle renferme, soit dans l'étendue de ces branches ; qu'elle peut s'allier aux autres classes en tout ou en partie, avec les plus voisines comme avec les plus éloignées, et former des amalgames où la pensée de l'homme a de la peine à se reconnoître.

Car depuis les sables de la mer jusqu'aux régions les plus élevées des Etres, l'homme peut asseoir par-tout des *signes* multipliés et variés de ses *titres primordiaux* ; il peut, comme il le prouve tous les jours par ses Arts, par ses goûts, par ses passions, mettre son ame dans ses yeux, dans ses oreilles, dans ses mains, dans ses pieds, dans son palais, dans sa tête, dans son cœur, dans ses organes impurs ; et toutes ces choses liées corporellement avec lui-même, ne sont que l'image des objets distincts de lui, avec lesquels il peut s'identifier.

D'après cela, il ne faut point être étonné du mélange qu'on apperçoit parmi les doctrines de la Terre, et d'y voir ces différentes combinaisons,

du

du divin, du spirituel, du naturel, du matériel
et de l'impur; parce que toutes les classes sont
ouvertes à l'homme, et que quand il ne regle
pas sa marche par un *guide infaillible*, il laisse
entrer dans son *œuvre* des traces de sa corruption et de son ignorance; enfin, il est constant
que l'homme, par sa nature, peut agir dans
Dieu, avec Dieu, par Dieu, sans Dieu, et
contre Dieu.

Il n'est pas difficile de voir pour laquelle
de toutes ces Sciences, il seroit de notre intérêt
de nous décider. Mais vu le mélange auquel
elles sont exposées en passant par la main des
hommes, il se pourroit que sous des dehors spé-
cieux on nous conduisît à l'erreur; défendons-
nous donc des Maîtres qui n'appuyeront leur
Science que sur une base matérielle, sur des formules, sur des recettes scientifiques, toujours
concentrées dans les causes secondes; car, je le
répete, de ces causes secondes aux causes cor-
rompues, il n'y a presque aucun intervalle. Et
c'est beaucoup, si ceux qui s'attachent exclusivement à de semblables moyens et qui les enseignent, ne méritent que notre compassion.

Ceux qui annoncent une Science plus relevée,
et des *moyens supérieurs*, demandent encore
plus notre vigilance et nos réflexions, parce
(H 2) que

que leur marche étant moins connue, il doit
leur être plus facile de nous tromper. Il y a
donc deux manieres de les juger; par leurs
instructions et par leurs *faits* : je mets les faits
au dernier rang pour ceux qui n'en sont que
les témoins, quoiqu'ils soient très-utiles pour
ceux qui ont le bonheur d'en être les instrumens ; mais comme cette carriere est aussi celle
de l'illusion, de l'astuce et de la mauvaise foi,
le premier devoir de la prudence est d'observer avec soin tout ce qui s'annonce, et tout ce
qui s'emploie, afin de ne pas prendre pour
l'effet des causes supérieures ce qui pourroit
n'être que celui des causes naturelles et subordonnées. Il y a aussi une mesure à garder dans
ces sortes d'observations, c'est de ne pas s'aveu-
gler au point de vouloir expliquer tout par le
seul méchanisme des causes secondes ; ce qui
est arrivé à quelques Commentateurs des Livres
hébreux, qui en parlant de la Loi, donnée sur
le Mont Sinaï, ont représenté comme de simples
météores, l'éclat, les feux, les sons imposans
qui accompagnerent cet événement.

L'instruction est donc la pierre de touche la
plus sûre pour juger de la Science qu'un Maître
annonce ; pour connoître le but qui l'anime,
et la marche qu'il a donnée à ses facultés.

Cette instruction, nous osons le dire, est celle
qui

qui a été présentée dans cet Ouvrage ; instruction fondée sur la nature de l'homme, sur ses rapports avec son Principe, et avec les Etres qui l'environnent.

C'est cette instruction qui lui apprend combien il est supérieur à la nature élémentaire, puisque celle-ci n'étant qu'une *unité composée*, ou une fraction de la grande unité, suit nécessairement la loi des *fractions numériques* qui est de décroitre dans leur exaltation, ou d'être toujours plus nombreuses dans leur racine que dans leurs puissances ; qu'ainsi plus l'univers matériel avance en âge, plus il se rapproche du néant, puisqu'il s'éleve à ses puissances.

C'est cette instruction qui présente l'Etre inlectuel de l'homme comme un *entier*, puisqu'il tient à la racine intellectuelle et divine dont toutes les puissances sont des entiers ; qui annonce, par conséquent, que selon la loi des *entiers*, il doit s'aggrandir et s'étendre à mesure qu'il s'éleve à ses puissances, puisque le privilege des *entiers* est de manifester de plus en plus leur grandeur et l'indestructibilité de leur être.

C'est cette instruction qui montrant le *nombre* de l'homme comme étant plus vaste à mesure qu'il s'éleve à ses puissances, nous fait comprendre qu'il doit y avoir un terme où l'action temporelle de ce *nombre* étant complette, il ne puisse

 plus

plus agir que dans l'infini, et par conséquent hors des bornes matérielles, particulieres et générales. Et en effet, voici le tableau du cours progressif de l'homme intellectuel; dans l'enfance il ne pense point, à cause de son corps; dans la jeunesse il pense par le corps; dans l'âge mur il pense avec le corps; dans la vieillesse il pense malgré le corps; après la mort il pense sans le corps.

C'est cette instruction qu'on ne peut pas taxer de vouloir dominer sur la croyance des hommes; puisqu'elle les engage, au contraire, à ne pas faire un pas sans examen : c'est cette doctrine, qui montrant dans l'homme les vestiges et les ruines d'un magnifique Temple, lui présente toutes les *actions* de la Sagesse et de la Vérité, comme tendant sans cesse à le relever sur ses fondemens; qui lui apprend que les voies tracées par les hommes éclairés, ou les Elus généraux, lui sont nécessaires dans le moyen âge de sa réhabilitation; mais que les vraies lumieres qui conviennent à chacun en particulier, arrivent par un canal plus naturel encore, et à couvert de toute illusion, quand l'homme a fait long-temps une abnégation absolue de lui-même, qu'il ne s'est point rempli de sa propre suffisance, qu'il n'a point été sage à ses propres yeux, et que comme la fille de

Jephté,

Jephté, il a pleuré sincérement sa *virginité*.

C'est cette instruction qui lui démontre que le crime de l'homme a fait subdiviser relativement à lui toutes les *vertus*, dont il pouvoit autrefois contempler d'un coup d'œil le vaste ensemble : mais que la nature des Etres étant indélébile, dès que l'homme est l'expression caractéristique du Principe suprême, il faut éternellement que cette loi opere.

C'est cette instruction qui le porte à reconnoître que la multitude de faits, d'actions, d'*Agens*, de *vertus* répandues dans l'Univers, suivant les Traditions de tous les Peuples, ne sont que l'exécution même de cette loi coéternelle et indestructible, qui ayant constitué l'homme, l'accompagne, et l'accompagnera à jamais dans tous les instans de son existence.

Enfin, c'est cette instruction qui lui fait considérer tous les faits de la nature, comme l'expression de sa véritable science, et de la sublimité de ses fonctions primitives, ainsi qu'on peut le voir dans l'arc-en-ciel ; phénomene qui est formé par la réflexion des rayons solaires, comme les *vertus* intellectuelles sont des *reflets* de l'*Action* du Dieu suprême : qui ne paroissant que lorsqu'il y a des nuages, semble poser la borne entre leur ténébreux cahos, et le séjour de la lumiere : qui porte un nombre régulier dans ses

 couleurs :

couleurs : qui se présente sous la forme d'une
circonférence tellement subordonnée à l'homme ,
que celui-ci en occupe toujours le centre , et s'en
fait suivre à tous les pas : qui offre par-là à ses
yeux un tableau immense , où il peut voir
quels étoient ses premiers rapports avec l'unité ,
avec les Agens soumis dont il disposoit à son
gré , et avec le séjour du désordre et de la confusion dont ces Ministres fideles le tenoient soigneusement séparé : qui , en un mot , présente
un tableau si fécond , que la Sagesse ne pouvoit
pas choisir un plus bel emblême , quand elle
voulut , lors du Déluge , annoncer ces *vertus*
supérieures et universelles dont elle a fait de
tout temps les organes et les signes de son alliance avec l'homme.

Ceux qui , avec une doctrine aussi sublime ,
se présenteroient pour nous guider dans la carriere de la vérité , pourroient mériter notre confiance : car s'il arrivoit que leur marche ne fût
pas conforme à leurs principes , ces principes
seuls nous auroient assez ouvert l'intelligence
pour que nous sentissions le faux de leur marche ,
et que la pureté de nos desirs rendît leurs efforts
impuissans.

Ils mériteroient d'autant plus cette confiance ,
s'ils nous apprenoient à discerner la science
d'avec

d'avec la sagesse, qui est le complément et le but de toute science.

Il ne faut pas croire, en effet, que cette sagesse soit à notre seule disposition et dépende absolument de nous, comme l'habitude des exercices corporels auxquels nous pouvons nous former à force de répétitions, et être comme assurés de réussir.

Nous avons en nous, il est vrai, plusieurs facultés intellectuelles et spirituelles qui peuvent se perfectionner par notre travail ; telles sont les *vertus secondaires*, et même la science ; mais quant à la sagesse, ce n'est point à force ouverte que nous y parviendrons ; c'est la Cour des Rois où il faut marcher avec humilité, soumission, prévenance, attention constante à captiver leur bienveillance ; où, à quelqu'instant qu'ils nous prennent, il faut toujours qu'ils nous trouvent prêts à leur plaire, et à nous sacrifier pour eux. C'est autant par la patience que par l'autorité et par la violence, qu'il faut écarter les rivaux qui nous traversent. La douceur et l'amour, voilà les routes qui menent à la félicité ; encore, malgré tous ces soins, le *Prince* peut-être ne jugera-t-il pas à propos de nous honorer d'un regard.

Jugeons maintenant si la sagesse est une chose précieuse, et s'il est rien à quoi elle puisse se comparer. L'homme devroit la demander sans

cesse,

cesse , mais avec des paroles de feu qui expri-
massent combien il la desire ; son visage devroit
porter d'avance la joie dont ce trésor peut le remplir ; c'est une soif ardente, c'est un besoin volup-
tueux , c'est tout son Etre intérieur qui doit
parler.

Nous pourrions écouter nos Maîtres , s'ils
nous peignoient les imprudences auxquelles l'esprit de l'homme est exposé dans sa marche ,
par ses jugemens trop précipités ; s'ils nous di-
soient qu'à quelque degré de connoissance , de
sagesse et de *vertus* que nous puissions être , il
nous reste toujours plus à acquérir que nous ne
possédons ; que les plantes qui poursuivent dans
une paisible persévérance le cours de leur action
devroient nous servir de modeles ; que tous les
momens que l'homme emploie à se contempler,
sont pris sur ceux destinés à sa *croissance* ; que
non seulement il ne faudroit pas compter pour
quelque chose les jouissances les plus vastes auxquelles nous pouvons tendre comme hommes ,
mais qu'il faudroit regarder bien moins encore
les jouissances et les faveurs particulieres , comme
le complément de l'œuvre ; ni une science isolée,
comme l'universalité des merveilles renfermées
dans l'alliance de l'homme avec son Principe :
car cette fausse maniere de voir seroit le premier
obstacle à nos progrès ; et si nous venions à l'in-
sinuer

sinuer à d'autres, nous pourrions être assurés que nous les trompons, et que nous nous trompons nous-mêmes.

Nous pourrions écouter attentivement ces Maîtres, si après nous avoir instruits par ces principes, ils nous engageoient à examiner s'il n'y a pas un complément à ce grand œuvre; et ici nous allons voir naître un nouvel ordre de choses.

QUE seroient les connoissances de l'homme, que seroit cet Etre fait pour posséder l'unité des sciences et des vérités, s'il n'avoit pu espérer de connoître qu'une subdivision des *vertus* divines ? Sa nature l'appellant à contempler la réunion de ces mêmes *vertus*, et à être leur signe vivant, comment auroit-il jamais recouvré des privileges aussi sublimes, s'il n'eût vu que des rayons épars de cette unité ?

En effet, que sont ces Héros, ces demi-Dieux, ces Agens célebres, dont les Traditions historiques et fabuleuses nous présentent sans cesse la correspondance avec la Terre ? Ils n'ont été chacun dépositaires que de quelques *vertus* particulieres de l'unité. L'un en a manifesté la force par la *grandeur* de ses entreprises, et par ses immenses travaux. L'autre en a manifesté la *justice*

par

par la punition des *malfaiteurs* et par l'asservisse-
ment des *rebelles*. D'autres, enfin, en ont manifesté la bonté, la bienfaisance, par les Sciences
et les secours qu'ils ont apportés aux *malheureux*,
et par les douceurs qu'ils ont fait goûter aux
hommes de paix. Et même on peut dire de ces
Agens, sans excepter ceux dont il est parlé dans
les Traditions des Hébreux, qu'ils ne montroient
à l'homme que des *vertus* isolées, temporelles et
passagéres, et que par conséquent ils ne lui don-
noient point une idée parfaite de son Etre, ni des
droits qui sont attachés à sa nature.

Il lui manquoit encore le complément de cette
connoissance pour concevoir le sens de tous ces
emblêmes grossiers qui avoient bien représenté
la loi de l'homme ; mais qui ne l'avoient représentée que matériellement, au lieu qu'elle devoit
l'être par la *vertu* de l'homme, et par des faits
qui émanassent de lui-même.

Il falloit donc qu'une *ACTION PUISSANTE*
démontrât la réelle et féconde existence de
l'homme, en lui facilitant l'intelligence de son
Etre ; et en l'élevant à un état de supériorité, auquel il ne cessoit de tendre, depuis sa chûte, par
une loi irrésistible de son essence ; il falloit,
dis-je, une troisieme époque ; il falloit un type
total, qui lui offrît une loi plus simple et plus
une que toutes celles qui avoient précédé ; une

loi

loi plus analogue à la vraie nature de l'homme, dont nous ne cesserons de défendre la grandeur et la sublimité.

Enfin, il falloit que la Sagesse fît *ouvrir* pour la postérité humaine, une *porte* de plus que celles qui sont contenues dans le *quarré* de la *puissance* de l'homme ; c'est-à-dire, que cette Sagesse devoit faire *ouvrir* une cinquantieme porte, pour abolir le *nombre de servitude* opéré par la double puissance du mal, afin que l'homme, après s'en être délivré lui-même, pût encore en délivrer son enceinte ; " et tel étoit l'esprit de cette loi hébraïque, qui au bout de cinquante ans rendoit la liberté aux esclaves, et faisoit rentrer les biens aliénés dans les mains de leurs premiers Maîtres ".

Par cette *vertu* nouvelle, non seulement l'homme devoit voir disparoître en lui les loix de l'instinct et des affections des brutes, mais encore y substituer les droits et les affections de l'intelligence. Non seulement il devoit reconnoître tous les pouvoirs de l'ordre et de la justice, mais encore apprendre à s'élever au dessus de la justice même, en se conduisant par une loi bien différente de celle qui n'avoit été écrite que pour les esclaves et les malfaiteurs : en un mot, il devoit apprendre à juger de la véritable destination de son Etre, qui n'étoit pas fait pour être resserré dans des entraves,

traves, mais pour faire le bien, comme Dieu, par
nature, par amour, et sans être mu par l'appa-
reil des punitions et des récompenses.

Pendant la premiere époque de son expiation, l'homme, comme l'enfant dans les liens
ténébreux de la matiere, éprouvoit sans doute
les bienfaits de la Sagesse. Mais, recevant ces bienfaits, comme l'enfant, sans les appercevoir ni reconnoître la main qui les répandoit sur lui, il
n'étoit que passif, et son Etre réel et intelligent
ne goûtoit pas encore sa vraie nourriture, qui consiste dans l'activité et la vie.

Dans la seconde époque, ses facultés plus dé-
veloppées le mettoient à portée de profiter des
dons qui lui sont prodigués. C'étoit alors que
des Agens vertueux et éclairés, placés près de
lui, l'assujettissoient à des sacrifices, pour lui
faire comprendre l'état de violence et de sujé-
tion où toute la Nature se trouvoit par rapport
à lui ; puisque tout donnoit sa vie pour lui.

Par-là, ces Agens l'instruisoient sur la destination des différentes parties de l'Univers. Ils lui
apprenoient qu'il n'y avoit pas un seul Etre dans
la création universelle, qui ne fût l'image d'une
des *vertus* divines ; que la Sagesse avoit multiplié
ses images autour de l'homme, afin que, quand
il les lui présenteroit, elle fît à leur aspect sor-

tir

tir d'elle-même une nouvelle onction ; qu'ainsi elle transmît jusqu'à l'homme tous les secours dont il a besoin ; et que le modele s'unissant à la copie , l'homme pût les posséder l'un et l'autre.

C'étoit lui peindre, en effet , sa destinée sous des couleurs vives , que de lui représenter l'Univers comme un grand Temple , dont les astres sont les flambeaux , dont la terre est l'autel , dont tous les Etres corporels sont les holocaustes , et dont l'homme est le Sacrificateur. Par-là il pouvoit recouvrer des idées profondes sur la grandeur de son premier état , qui ne l'appelloit à rien moins qu'à être le Prêtre de l'Eternel dans l'Univers.

Mais , malgré cette brillante lumiere , que les Elus de la seconde époque vinrent communiquer à l'homme , en lui annonçant qu'il étoit le Prêtre de l'Eternel , il n'avoit point encore l'explication de ce titre sublime.

Le tableau des rapports que ces Elus lui présentoient , quelque magnifique qu'il fût , ne lui offroit que des objets inférieurs à sa propre nature ; il n'y voyoit que des puissances éparses et divisées ; que des holocaustes corruptibles : il n'y voyoit ni les indices d'une offrande impérissable , ni l'unité des agens qui devoient y concourir ; afin que par eux il pût jouir de la plénitude de ses droits.

Il étoit donc réservé à une troisieme époque,
de lui faire acquérir la connoissance plus parfaite de la vérité, et de lui apprendre que, si de
simples images temporelles ont pu lui faire découvrir quelques-unes des *vertus* supérieures, il
ne doit mettre aucune borne à ses espérances, en
présentant à la *vérité* une image émanée d'elle-
même, qui par les secours qu'elle envoie à
l'homme, l'anime de la même unité, et l'assure
de la même immortalité.

C'est donc là où l'homme découvrant la science
de sa propre grandeur, apprend qu'en s'appuyant
sur une base universelle, son Etre intellectuel devient le véritable Temple; que les flambeaux qui
le doivent éclairer sont les lumieres de la pensée
qui l'environnent et le suivent par-tout; que
le Sacrificateur, c'est sa confiance dans l'existence nécessaire du Principe de l'ordre et de la
vie; c'est cette persuasion brûlante et féconde devant qui la mort et les ténebres disparoissent; que
les parfums et les offrandes, c'est sa *priere*, c'est
son desir et son zele pour le regne de l'exclusive
unité; que l'autel, c'est cette convention éternelle, fondée sur sa propre émanation, et à laquelle Dieu et l'homme viennent se rendre,
comme de concert, pour renouveller l'alliance
de leur amour, et pour y trouver, l'un sa gloire,

et

et l'autre son bonheur ; en un mot , que le feu
destiné à la consommation des holocaustes , ce
feu sacré qui ne devoit jamais s'éteindre, c'est
celui de cette étincelle divine qui anime l'homme ,
et qui , s'il eût été fidele à sa loi primitive , l'auroit rendu à jamais comme une lampe brillante et
secourable , placée dans le sentier du Trône de
l'Eternel , afin d'éclairer les pas de ceux qui s'en
étoient éloignés ; parce qu'enfin l'homme ne doit
plus douter qu'il n'avoit reçu l'existence que pour
être le témoignage vivant de la lumiere et le signe
de la Divinité.

18.

POUR mieux nous convaincre combien il étoit
nécessaire qu'une *Unité* de *vertus* vînt achever
devant les hommes le tableau de leur Etre , qui
n'avoit été que légérement tracé par les manifestations particulieres , je vais dire quelque chose
des *Nombres* : mais auparavant je dois prévenir
que cette carriere est si vaste , que jamais
l'homme , ni aucun Etre que Dieu lui même , ne
pourra en connoître toute l'étendue. De plus

II. Partie. (I) elle

elle est si respectable que je ne puis en parler
qu'avec réserve, soit parce qu'il est impossible
de le faire clairement et à découvert en langage vulgaire, soit parce qu'elle renferme des
choses auxquelles on ne doit pas prétendre sans
préparation.

Cependant je ferai mes efforts pour que
l'homme de desir me comprenne autant qu'il lui
sera nécessaire, et je ne négligerai rien pour
concilier son instruction avec la prudence.

Mais, s'il arrivoit qu'il ne me comprît pas,
je le prie pour son propre intérêt, de ne pas consulter sur ce que je lui confie, les Savans en
titre et en crédit dans l'opinion humaine : car ils
ont desséché la *Science* et ne s'en sont point sub-
stanté ; ils n'en ont que le squelette décharné,
et les *sucs* les plus nourrissans se sont évaporés
devant eux, sans qu'ils aient eu la sagesse de les
saisir.

La *Science* est libre ; ils ont prétendu lui
fixer des loix, et interdire au genre humain l'espoir de la découvrir ailleurs que dans leurs déci-
sions : mais elle a fui devant eux, et ils marchent
dans un vuide obscur. Elle est incompressible
comme l'eau : ils ont voulu la comprimer : elle a
brisé les entraves qu'ils lui avoient données, et ils
sont restés dans l'aridité.

Que le Lecteur n'aille donc pas à eux pour
lever

lever ses doutes ; ils ne feroient que les augmenter , ou y substituer des mensonges. Si quelque
chose l'embarrasse dans ce qu'il va lire , qu'il se
replie sur lui-même ; qu'il essaie par une *activité
intérieure* de se rendre *simple* et *naturel* : qu'il
ne s'irrite point si le *succès* se fait attendre ; les
suspensions qu'il éprouvera sont souvent les voies
mêmes qui le préparent secrétement , et qui doivent l'y conduire.

Les *nombres* sont les enveloppes invisibles des
Etres , comme les corps en sont les enveloppes
sensibles.

On ne peut douter qu'il n'y ait pour tous les
Etres une enveloppe invisible , parce qu'ils ont
tous un *Principe* et une *forme* , et que ce Principe et cette forme étant aux deux extrêmes ,
sont à une trop grande distance l'un de l'autre
pour pouvoir s'unir et se correspondre sans in-
termede ; or c'est l'enveloppe invisible , ou le
nombre qui en tient lieu. C'est ainsi que dans les
corps , la terre est l'enveloppe visible du feu , que
l'eau est celle de la terre , et l'air celle de l'eau ,
quoique cet ordre soit fort différent dans les élémens non corporisés.

On n'ignore pas que les loix et les propriétés
des Etres sont écrites sur leurs enveloppes sensibles , puisque toutes les apparences par lesquel-

 les

les ils se communiquent à nos sens, ne sont autre chose que l'expression et l'action même de ces loix et de ces propriétés.

On en peut dire autant de leurs enveloppes invisibles ; elles doivent contenir et porter sur elles, les loix et les propriétés invisibles des Etres, comme leurs enveloppes sensibles indiquent leurs propriétés sensibles. Si elles y sont écrites, l'intelligence de l'homme doit donc pouvoir les y lire, comme par les sens il lit ou éprouve les effets des propriétés sensibles tracées sur les corps, et agissant par l'enveloppe sensible des Etres : voilà ce que la connoissance des nombres peut promettre à celui qui ne les prenant pas pour de simples expressions arithmétiques, sait les contempler selon leur ordre naturel, et ne voir en eux que des *principes* coéternels à la *vérité*.

Il faut savoir en outre que les Êtres étant infinis, et que les propriétés de ces Etres étant de plusieurs genres, il y a aussi une infinité de nombres.

Ainsi il y a des nombres pour la constitution fondamentale des Etres ; il y en a pour leur action, pour leur cours, de même que pour leur commencement, et pour leur fin, quand ils sont sujets à l'un et à l'autre ; il y en a même pour les différens degrés de la progression qui leur est fixée.

Et

Et ce sont là comme autant de bornes où les *rayons divins* s'arrêtent ; où ils réfléchissent vers leur *Principe*, non seulement pour lui présenter ses propres images, non seulement pour lui offrir les glorieux témoignages de son exclusive supériorité et de son infinité, mais encore pour y puiser la *vie*, la *mesure*, le *poids*, la sanction de leurs rapports avec lui ; toutes choses que nous avons vues ne pouvoir exister que dans le premier Principe des Etres.

Il y a aussi des nombres mixtes pour exprimer les différentes unions et compositions d'Etres, d'actions, de *vertus* ; il y a des nombres centraux, des nombres médianes, des nombres circulaires, et des nombres de circonférence : enfin, il y a des *nombres impurs*, faux et corrompus. Et répétons-le, toutes ces choses ne font qu'indiquer les différens aspects sous lesquels on peut considérer les Etres, et les différentes propriétés, loix et actions, soit visibles, soit invisibles, dont nous ne pouvons douter qu'ils ne soient susceptibles : et peut-être la vraie cause pour laquelle les nombres ont paru si chimériques à la plupart des hommes, c'est cet usage où sont les Calculateurs de faire dériver du zéro tous les nombres ; c'est-à-dire, de commencer dans leurs divisions géométriques, en comptant par zéro, avant que de nombrer la premiere unité. Ils

n'ont pas vu que cette unité visible et conventionnelle qui devient la premiere base de leurs mesures, n'est que la représentation de l'unité invisible, placée avant le premier degré de toutes
ces mesures, puisqu'elle les engendre toutes, et
que s'ils étoient forcés de la représenter par un
zéro, ce n'étoit que pour nous peindre son inaccessible *valeur*, et non pas pour la regarder
comme un néant, lorsqu'elle est la source
de toutes les bases sur lesquelles l'homme peut
opérer.

On voit ici qu'autant les nombres sont infinis,
autant l'idée qu'on en doit prendre est simple et
naturelle.

Elle se simplifiera bien encore quand on remar-
quera que cette immense multitude de nombres,
qui se subdivisent et s'étendent à l'infini, remon-
tent par une marche directe jusqu'à dix nombres
simples, lesquels rentrent dans quatre autres
nombres, et ceux-ci dans l'unité d'où tout est
sorti.

Voilà pourquoi existant au milieu de tous les
objets de la Nature, nous n'avons cependant que
dix doigts, que quatre membres, et un seul
corps, pour palper ces objets, pour en approcher, pour en disposer; « car les doigts de nos
pieds n'ont d'autre objet, que de nous donner la
souplesse,

souplesse, l'élasticité, et la vîtesse dans notre marche, ainsi que la solidité et la force quand nous sommes debout et de pied ferme ; et si à force d'habitude on a vu des hommes se servir avec succès des doigts de leurs pieds, l'exercice forcé qu'ils ont fait pour en venir là, et les tentatives inutiles de tant d'autres, prouvent assez que ces doigts ne nous ont pas été donnés par la Nature pour une semblable destination ; car s'ils portent le nombre dix, comme les doigts de nos mains, c'est que tout se répete, mais avec des qualités et des propriétés inférieures, selon l'infériorité des classes ,,.

L'allégorie du Livre de *dix feuilles* dans l'Ouvrage déja cité, offre clairement les différentes propriétés attachées aux dix nombres intellectuels ; il suffit d'ajouter que de leurs différens assemblages et de leurs différentes combinaisons résulte l'expression de toutes les Loix et de toutes les actions des Etres quelconques, comme de la combinaison active des différens Elémens résulte la variété infinie de toutes les productions corporelles et des phénomenes élémentaires.

Parmi les exemples que j'en pourrois citer, je me bornerai à un seul ; mais l'homme en sera l'objet, comme il est celui de cet Ouvrage ; et

(I 4)   par-là

par-là on pourra apprendre à juger des exemples que je tairai, et des autres propriétés des nombres.

Les Philosophes anciens nous ont transmis l'addition du nombre quatre, laquelle donnant dix pour résultat, offre un moyen naturel de lire à découvert l'immense vertu du quaternaire; les Philosophes nouveaux se sont contentés de jeter du ridicule sur toutes ces idées numériques, sans les comprendre, ni les réfuter.

On a vu dans cet Ouvrage, quelle fut la destination originelle de l'homme, qui devoit être le *signe* et le *Ministre* de la Divinité, dans l'Univers; on a vu aussi qu'il est marqué du *sceau quaternaire.*

Il est bien singulier que cette sublime destinée se trouve écrite dans les expressions des anciens Philosophes. Car en portant le nombre quaternaire jusqu'au résultat de toutes les puissances qui le constituent, il rend deux nombres ou deux branches, qui étant réunies, forment le nombre dix, en cette manière:

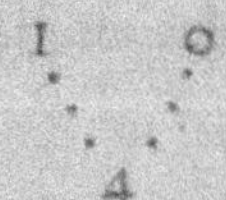

Or le nombre quatre se trouvant placé entre l'unité et le nombre dix, ne paroît-il pas avoir la fonction de faire communiquer l'unité jusqu'à

la

la circonférence universelle , ou le zéro ? ou pour mieux dire , ne paroît-il pas être le médiateur placé entre la Sagesse suprême représentée par l'unité , et l'Univers représenté par le zéro ? En voici la figure naturelle ,

$$1 \ldots 4 \ldots O$$

Je trace ici cette figure par des caracteres numériques primitifs , qui sont attribués aux Arabes , attendu qu'ils nous ont été transmis par eux , mais que les Savans de cette Nation reconnoissent appartenir à des peuples plus anciens.

Ces caracteres qui , pour des yeux exercés , portent l'empreinte exacte des plus hauts secrets des Sciences naturelles et physiques , ne peuvent avoir été tracés au commun des hommes par des Sages , et à ceux-ci par une main encore plus pure , que pour les aider à marcher d'un pas ferme dans la route des vérités.

On peut donc, par la loi des nombres , et par la figure que je viens de présenter , se convaincre de la premiere dignité de l'homme , qui correspondant du Principe de la lumiere jusqu'aux Etres les plus éloignés d'elle , étoit destiné à leur en communiquer les *vertus.*

On trouvera également dans ces nombres la marche par laquelle l'homme à pu s'égarer.

Si

Si au lieu de se tenir au centre de son poste
éminent, l'homme ou le quaternaire s'est éloi-
gné de l'unité, et s'est approché de la circonférence figurée par le zéro, jusqu'à s'y confondre
et s'y renfermer; dès lors il est devenu matériel
et ténébreux comme elle, et voici la nouvelle
figure que son crime a produite

I . . . . ④

« Ne pourrions-nous pas même trouver des
traces de cette union du quaternaire au zéro,
dans le nombre des jours nécessaires pour que le
fœtus de l'homme ait la vie ? Car les Physiologistes nous assurent qu'il en faut environ 40 ; et
alors il seroit difficile de douter que telle eût été
la source, et la suite du crime de l'homme, puisque ce nombre se retrace sous nos yeux dans la
reproduction de l'espece humaine ».

« Observons néanmoins, pour soulager l'intelligence du Lecteur à qui ces vérités peuvent paroître très-étrangeres, qu'il ne faut pas appliquer
ce nombre de 40 jours au crime de l'homme,
comme nous le voyons régner aujourd'hui dans
sa reproduction corporelle. Le nombre actuel
de cette Loi n'est qu'une conséquence et une
expiation du *nombre faux* qui a agi antérieurement».

Enfin

Enfin nous trouvons encore dans cette figure simple,

$$\mathrm{I}\ldots\ldots\ \bigoplus 4$$

une preuve évidente de tous les principes posés précédemment sur la nécessité de la communication des *vertus* supérieures jusques dans le malheureux séjour de l'homme.

Depuis *un* jusqu'à *dix*, il y a plusieurs différens nombres qui tiennent tous par quelque lien particulier au premier anneau de la chaîne, quoiqu'on ait le droit de les en séparer pour les considérer sous un aspect particulier. Si le quaternaire, ou l'homme, étoit descendu jusqu'à l'extrémité inférieure de cette chaîne, ou jusqu'au zéro, et que cependant le Principe suprême l'eût choisi pour son signe représentatif, ne faudroit-il pas, pour qu'il pût recouvrer la connoissance de ce qu'il a perdu, que tous ces nombres, ou toutes ces *vertus* supérieures et intermédiaires entre *un* et *dix*, descendissent vers lui, jusques dans sa circonférence, puisqu'il n'a pas le pouvoir de franchir la borne qui lui est prescrite, pour remonter jusques vers elles. Et ce sont là toutes les puissances de subdivision dont j'ai déja exposé la correspondance avec l'homme, appuyée sur toutes les traditions et allégories des Peuples.

Mais cela ne suffit point encore pour l'entiere
régénération

régénération de l'homme : si l'*Unité* n'avoit pénétré jusques dans la circonférence qu'il habite ,
il n'auroit pu en recouvrer l'idée complette , et
il seroit resté au dessous de sa loi. Il a fallu
aussi que cette *Unité* fût précédée par tous les
nombres intermédiaires , parce que l'ordre étant
renversé par l'homme , il ne peut connoître la
premiere Unité qu'il a abandonnée , qu'après avoir
connu toutes les *vertus* qui l'en séparent.

Ceci répand un grand jour sur la nature de
cette *manifestation universelle* dont nous avons
reconnu la nécessité pour l'accomplissement des
décrets suprêmes.

Car quel que soit l'Agent chargé de l'opérer ,
il est certain qu'il n'a pu être inférieur aux Agens
particuliers , qui n'ont manifesté les facultés supérieures que dans leur subdivision ; et si les
Agens particuliers , quoique réduits à des *vertus*
partielles , ont cependant représenté les puissances de la Sagesse , sans quoi ils auroient été
inutiles à ses desseins , à bien plus forte raison ,
l'*Agent universel* devoit-il être dépositaire des
mêmes droits et des mêmes pouvoirs.

Ainsi cette manifestation universelle des puissances Divines succédant aux loix rigoureuses de
justice qui résultoient de la subdivision de ces
puissances , a dû mettre le comble à tous les biens
que

que l'homme pouvoit attendre, en lui rendant la vue de ces vérités positives, parmi lesquelles il a pris son origine.

Convenons en même temps qu'il ne falloit rien moins qu'un Agent revêtu d'un tel pouvoir, pour relever l'homme de sa chûte, et l'aider à rétablir sa ressemblance et ses rapports avec l'*Unité premiere.*

Si c'est par le plus élevé des hommes, que tous les maux de sa malheureuse postérité ont été engendrés, il étoit impossible qu'ils fussent réparés par aucun homme de cette postérité : car il faudroit supposer que des Etres dégradés, dénués de tous droits et de toutes *vertus*, seroient plus grands que celui qui étoit éclairé par la *lumiere* même : il faudroit que la foiblesse fût au dessus de la force. Or si tous les hommes sont dans cet état de foiblesse, s'ils sont tous liés par les mêmes entraves, comment trouver parmi eux un Etre en état de rompre et de délier leurs chaînes ? Et en quelque lieu que l'on choisisse cet homme, ne sera-t-il pas forcé d'attendre que l'on vienne briser les siennes ?

Il est donc vrai que tous les hommes étant respectivement dans la même impuissance, et cependant étant tous appellés par leur nature, à un état de grandeur et de liberté, ils ne pourroient être rétablis dans cet état par un Etre qui

leur

leur seroit égal : ce qui prouve que l'Agent chargé de leur retracer l'unité Divine, doit être par lui-même plus que l'homme.

Mais si nous portons notre vue au dessus des *vertus* de l'homme, nous ne pourrons trouver que les *vertus* de la Divinité ; puisque cet homme est émané d'elle directement, et sans le concours d'aucune Puissance intermédiaire. L'Agent dont nous parlons, ayant plus que les *vertus* de l'homme, ne peut donc avoir rien moins que les *vertus* de Dieu, puisqu'il n'y a rien entre Dieu & l'homme.

Il faut donc convenir que, si la *Vertu divine* ne s'étoit pas donnée elle-même, jamais l'homme n'en auroit pu recouvrer la connoissance : ainsi il ne lui eût jamais été possible de remonter au point de lumiere et de grandeur où les droits de sa nature l'avoient appellé ; ainsi le sceau du grand Principe eût été imprimé en vain sur son ame ; ainsi ce grand Principe lui-même eût failli dans la plus belle de ses puissances, l'amour et la bonté, par lesquels il procure sans cesse à l'homme les moyens d'être heureux ; enfin ce grand Principe eût été déçu dans ses décrets, et dans la convention ineffaçable qui lie tous les Etres avec lui.

Quand j'annonce qu'il n'y a rien entre l'homme

et Dieu, je le dis dans l'ordre de notre véritable nature, où vraiment nulle autre puissance que celle du grand Principe, ne devoit nous dominer. Dans l'état actuel, il y a en effet quelque chose entre Dieu et nous : et c'est cette fausse maniere d'être, c'est cette transposition des puissances, qui imprimant en nous le désordre universel, fait notre supplice, et l'horreur de notre situation passagere dans le temps.

Nouvelle raison pour que la *Vertu divine* se soit approchée de nous, afin de rétablir l'ordre général, en remettant toutes les puissances dans leur rang naturel; en rétablissant l'*Unité primitive*; en divisant la *corruption* qui s'étoit réunie dans le *centre*; en distribuant les *vertus* du *centre* à tous les points de la circonférence, c'est-à-dire, en détruisant les *différences.*

Car c'est une vérité à la fois profonde et humiliante pour nous, qu'ici-bas les différences sont les seules sources de nos connoissances; puisque si c'est de-là que dérivent les rapports et les distinctions des Etres, ce sont ces mêmes différences qui nous dérobent la connoissance de l'*Unité*, et nous empêchent de l'approcher.

Or l'on sent que si la *Vertu divine* n'eût fait les premiers pas, l'homme n'auroit jamais pu espérer de revenir à cette *Unité*. Car de deux *vertus* séparées, comment la plus foible, celle

qui

qui est absolument impuissante, remonteroit-
elle seule et par elle-même, à son terme de
réunion?

Enfin, sans cet Agent universel, l'homme auroit bien su, par toutes les manifestations précédentes, qu'il y avoit des puissances et des *vertus*
spirituelles; mais il n'auroit jamais su, par expérience, qu'il y avoit un Dieu, puisqu'il n'y
avoit que l'*Unité* de toutes ses *vertus*, qui pût le
lui faire connoître.

Ainsi reconnoissons avec confiance, que l'A-
gent dépositaire de l'unité de toutes les puissances, quelque nom qu'on lui donne, a dû posséder l'ensemble de toutes les *vertus* suprêmes,
lesquelles avant lui n'avoient jamais été mani-
festées que dans leur subdivision; que cet Agent
a dû porter avec lui le caractere et l'essence divine, et qu'en pénétrant jusqu'à l'ame des hommes, il a pu leur faire sentir ce que c'est que leur
Dieu.

Et ici je rappellerai la figure précédente,

qui représente l'état de privation où nous lan-
guissons tous par la séparation où nous sommes
de notre Principe : on verra qu'en rapprochant

ces

des caracteres, et en faisant pénétrer l'unité dans le quaternaire de l'homme, en cette sorte,

l'ordre universel est rétabli ; puisque ces trois caracteres

$$\mathrm{I} \ldots\ldots 4 \ldots\ldots \bigcirc$$

se retrouvent dans leur progression et dans leur harmonie naturelle. Cet ordre existoit sans doute lors même de la subdivision de ces types, puisqu'il est à jamais indestructible ; mais là il n'existoit qu'horizontalement, ou en latitude, au lieu que dans la figure qui les réunit ici sous le même point et sous le même centre, cet ordre existe selon son vrai nombre et sa vraie loi, qui est la *perpendiculaire.*

Enfin pour parler sans voile, ce n'est qu'à cette époque que le *Grand Nom* donné aux Hébreux pût avoir toute son *action.* Sous la loi de justice, il n'avoit agi qu'extérieurement : il falloit qu'il pénétrât jusqu'au centre, pour opérer dans l'homme l'explosion générale dont son Etre intellectuel est susceptible, et pour le délivrer de l'état de concentration, où sa chûte l'avoit réduit.

D'après les idées profondes que nous présentent

ces démonstrations, ne nous étonnons point des différentes opinions auxquelles les hommes se sont arrêtés sur l'*Agent universel*. Quelqu'idée qu'ils s'en soient formés, il n'est rien en fait de *vertus*, de *dons*, et de *pouvoirs*, qu'ils n'aient pu trouver en lui. Les uns ont dit que c'étoit un Prophete ; d'autres, un homme profond dans la connoissance de la Nature et des Agens spirituels ; d'autres, un Etre supérieur ; d'autres enfin, une Divinité ; tous ont eu raison, tous ont parlé conformément à la vérité ; et toutes ces variétés ne viennent que des différentes manieres dont les hommes se sont placés pour contempler le même objet. Le tort qu'ont eu les premiers, c'est de vouloir rendre exclusif et général le point de vue particulier qui se présentoit à eux ; les seconds, de ne pas se proportionner à la foiblesse de leurs Disciples, et de vouloir leur faire admettre sans le concours de leur intelligence, les vérités les plus fécondes que l'esprit de l'homme puisse embrasser.

Les différens degrés de *Science* et de volonté sont donc les seules causes de la diversité des opinions qui regnent parmi les hommes sur ce grand objet ; car il en est pour qui cet *Agent universel* est venu, d'autres pour qui il vient, d'autres pour qui non seulement il n'est pas venu, mais même pour qui il ne vient pas encore.

Les

Les mêmes principes qui ont été exposés, nous aideront à découvrir quelle a dû être l'époque convenable à la manifestation de cet Agent. Car s'il est préposé par la Sagesse suprême, pour la guérison des maux attachés à la sphere étrangere et ténébreuse que nous habitons, il en a dû suivre toutes les loix.

Selon l'ordre physique, une maladie ne se guérit qu'après que le remede a pénetré jusqu'au siege même de la vie, jusqu'au centre de l'Etre; ce qui se voit avec évidence dans la plupart des dérangemens corporels, auxquels on ne remédie parfaitement que par la purification du sang.

Mais le sang est le centre des corps animaux; c'est leur principe corporel le plus intérieur, puisqu'étant environné des autres principes, il peut se considérer comme au centre de la circonférence animale, et que c'est de là qu'il envoie les émanations de sa propre vie aux subdivisions corporelles les plus extrêmes.

Il a donc fallu que l'*Agent universel*, chargé du grand œuvre de la régénération de toutes les *Puissances*, pénétrât les *substances* les plus intimes de tout Etre impur; qu'il communiquât ses pouvoirs au *centre* même de toutes les choses temporelles; que pour cet effet, il parût au milieu du temps, comme au milieu de toutes les actions des Etres émanés, afin d'agir plus effi-

 cacement

cacement et à la fois, sur le centre et sur la vie de toutes les circonférences.

Si l'on desiroit de connoître sur cette manifestation, une époque positive et déterminée, il seroit très-possible de la découvrir en rassemblant plusieurs notions éparses dans les Traditions des Hébreux. Il faudroit se rappeller ce que leurs Ecritures nous apprennent de la loi temporelle sénaire qui a dirigé la production des choses, et sur la Loi sainte et septénaire qui en a fait le complément : il faudroit comprendre le sens de ce passage qui annonce que *mille ans sont comme un jour devant Dieu* ; car ceux qui en ont fait usage dans leurs discours, et ceux qui l'ont combattu, ne paroissent pas l'avoir compris mieux les uns que les autres ; enfin il faudroit connoître le rapport de toutes ces expressions, soit avec le nombre ternaire et apparent des élémens corporels, soit avec le *nombre réel* de l'unité de leur Principe ; et l'on y verroit que les loix et les actions supérieures sont aussi clairement désignées dans les *nombres* ou enveloppes intellectuelles des Etres, que les loix matérielles le sont sur les corps.

Mais comme il faudroit au Lecteur des notions très-détaillées sur ces matieres, il seroit inutile de lui en offrir des résultats qui resteroient nuls pour son instruction, jusqu'à ce qu'il s'en fût

fût *assuré* lui-même. Je me contenterai de le mener sur la voie, en lui parlant encore de ce *nombre quaternaire* dont nous avons montré ci-dessus les propriétés.

L'homme, à qui le nombre quaternaire convient particuliérement, étoit émané pour occuper le *centre intermédiaire* entre la Divinité et l'Univers. Par sa chûte il a été précipité dans une *circonférence* très-inférieure à celle qu'il occupoit précédemment; mais sa nature n'ayant pas changé malgré sa dégradation, il a dû occuper le centre de cette nouvelle région, comme il avoit occupé celui de l'ancienne, et cela parce qu'à quelque degré d'infériorité que les Etres descendent, leur caractere se conserve et se manifeste.

Si l'homme dans sa chûte a encore occupé un centre, il a donc toujours porté en lui son nombre primitif quaternaire, quelqu'altération que ce nombre ait dû éprouver par l'opposition d'une région qui lui est si contraire.

Si l'homme, conservant son nombre *quaternaire*, occupe encore un centre dans le séjour même de la confusion qu'il habite, l'Agent universel, chargé de lui présenter son modele, a dû le faire conformément à toutes ces loix; c'est-à-dire, qu'en paroissant au centre des temps, il a dû imprimer le nombre quaternaire jusques sur

(K 3)

l'époque

l'époque de sa manifestation temporelle ; c'est-à-dire , enfin , que le quaternaire des temps et le centre des temps ne sont qu'une seule et même chose.

« En effet , le quaternaire qui dirige nécessairement le *grand œuvre* , doit en diriger les suites , comme il en a dirigé les différentes préparations ; car ce nombre qui tient à la fois à l'expiation , et à la régénération , s'étend , ou se resserre en raison de l'objet que les Etres ont à remplir. Le premier homme marcha par *quarante* , pour obtenir la rémission de sa faute , et la réconciliation de sa postérité temporelle : Jacob marcha par *quarante* pour obtenir la réconciliation de sa postérité spirituelle ; le Libérateur des Hébreux marcha par *quarante* , pour obtenir la délivrance de son Peuple ; le grand Régénérateur a préparé la réconciliation universelle par un *quadruple cube dénaire* , parce qu'étant le pivot , le centre , et le premier de tous les types , c'est à lui seul que convenoit l'œuvre du milieu des temps , par laquelle il embrassoit les deux extrêmes , comme étant dépositaire du complément de tous les nombres ».

Depuis son avénement , ce nombre d'action quaternaire se simplifie , et se simplifiera de plus en plus , en raison des futures *oppositions extrêmes* pour lesquelles il faudra que l'homme puisse se régénérer

régénérer en moins de temps que par le passé; et cette progression ira en diminuant jusqu'à ce que le quaternaire *agisse* si rapidement, si instantanément, qu'il se confonde dans l'unité d'où il est sorti: et c'est alors que les choses temporelles finiront, et que l'amour et la paix régneront dans le cœur des hommes de desir.

Si l'on réfléchit, au nombre Sabbatique ou Septénaire qui a complété l'origine des choses, on reconnoîtra que ce même nombre doit en compléter la durée, et que *quatre* étant le centre des temps, est aussi le centre de *sept*; mais gardons-nous de nombrer le cours temporel de la septieme action, comme celui des six actions qui la précedent; cette septieme action ne tombant point exclusivement sur les corps, se dérobe à nos calculs, et il seroit impossible à l'homme d'en fixer le terme, parce qu'elle est gouvernée par des *nombres supérieurs* dont il ne sauroit disposer.

Il y a ici de quoi exercer l'intelligence, mais il y a aussi de quoi la dédommager des efforts qui lui restent à faire pour s'assurer de l'âge et de l'antiquité du monde; et tout ce que je puis dire, c'est que pour calculer ce point avec justesse, il faut prendre pour échelle l'année terrestre.

(K 4)   Pourquoi,

Pourquoi, me demandera-t-on, prendre pour échelle l'année terrestre, plutôt que nos jours, nos semaines, nos mois, et même les révolutions d'une autre planete que la nôtre?

C'est que le temps étant l'expression des *six et une* actions premieres et constitutives de la Nature, il falloit qu'il eût, dans ses périodes et dans ses époques particulieres, un rapport direct avec elles; il falloit qu'il nous présentât des tableaux réduits, mais complets et proportionnés avec le grand tableau de l'origine de l'Univers, de sa durée totale, et de sa destruction.

Or l'on sait que l'année terrestre est la période qui représente avec le plus de justesse ces grands traits du Principe des choses, puisqu'elle nous montre dans ce court espace, l'image de tout ce qui a été, de tout ce qui est, et de tout ce qui sera : puisqu'elle est la seule dont le cours renferme pour nous la végétation, la production et la destruction universelle; ce qui est la vraie répétition de toutes les choses passées, présentes et futures; enfin, puisqu'elle réunit tous les types, toutes les époques, soit matérielles, soit immatérielles, qui ont été accordées à l'intelligence de l'homme pour le faire *renaître*, et lui aider à sortir de ses abymes.

On sait, dis-je, que cette période est la même que celle de toutes les révolutions terrestres; qu'elle qu'elle est le vrai calcul de la terre , et que cette terre peint en action vivante dans sa période particuliere tous les traits de la période générale. Il n'en faut pas davantage pour démontrer que l'année terrestre est le nombre symbolique de la période universelle, et que comme telle, elle devient la base de tous nos calculs.

C'est même là ce qui pourroit venger la terre du mépris qu'ont affecté pour elle des hommes ignorans, qui ont voulu trouver dans son peu d'étendue relativement à l'Univers, des motifs pour la dédaigner. Si la terre ne tenoit pas de plus près qu'aucun autre Etre corporel, aux loix et aux Principes premiers qui ont dirigé et pro- duit toutes choses, elle n'en porteroit pas aussi clairement qu'elle le fait, le nombre et tous les caracteres.

19.

Quant à la *révivification* attachée à *l'acte
universel*, *central* et *quaternaire*, nous en avons
des traces indicatives dans les Traditions des Hébreux sur l'origine de l'Univers; elles nous enseignent que le Soleil fut formé le quatrieme
jour, et qu'avant qu'il le fût, rien d'animé ani-
malement n'avoit la vie; c'est son feu de réaction qui concourut à faire sortir du sein de la
terre et des eaux, tous les Etres corporels dont
l'Univers matériel est habité. N'étoit-ce pas nous
annoncer par ce tableau, que si l'homme devenoit
criminel et qu'il s'assujettît au temps, il ne pourroit recouvrer sa vraie lumiere qu'à la quatrieme
époque de la durée des choses temporelles?
N'étoit-ce pas fixer le nombre de cette lumiere,
et tracer la loi par laquelle elle s'est dirigée, et
se dirigera éternellement.

C'est pour cela que la Loi donnée au Peuple
Hébreu ne portoit la punition des crimes que
jusqu'à la quatrieme génération; or le Réparateur universel en paroissant au quatrieme âge

de

de l'Univers , satisfaisoit pleinement à la Loi ; il pouvoit à cette époque consommer l'expiation universelle des prévarications de toute la postérité des hommes; par conséquent opérer celle des souillures et de l'illégitimité de ses propres ancêtres , et celle de toutes les malédictions où son ministere pouvoit l'exposer de la part des hommes.

Toutefois , dois-je présenter la formation du Soleil au quatrieme jour , comme un signe prophétique d'un événement prévu alors , puisque selon plusieurs , le crime qui l'a occasionné ne pouvoit se prévoir, sans que l'Auteur des choses ne fît le pour et le contre , et ne participât à l'erreur de sa créature ? Ne dois-je pas plutôt présenter cette formation du soleil au quatrieme jour , comme une simple confirmation de l'action universelle du nombre quaternaire , qui devoit être complette avant que l'homme coupable et ténébreux pût recouvrer la vie de son Etre intellectuel , ainsi que les animaux demeurerent dans l'inertie , et pour ainsi dire dans le néant jusqu'au moment où le Soleil élémentaire vint donner l'essor à l'action qui leur étoit propre ?

Il est constant que si l'on a fait tant d'erreurs sur la prescience Divine , c'est que ceux qui disputent sur ces objets, confondent deux ordres de choses

choses très-différentes ; l'ordre visible des choses corruptibles où nous vivons ; et l'ordre des choses incorruptibles, qui étoit celui de notre vraie nature.

A défaut de faire cette importante distinction, ils imputent à la Sagesse suprême un concours universel avec nos œuvres, qu'elle a peut-être pour quelques-uns de nous dans notre état actuel, où nous sommes liés aux actions variées des Etres non libres, mais qu'on ne sauroit lui imputer dans notre état primitif, sans l'injurier et sans dénaturer toutes ses Loix.

Ne nous arrêtons pas plus long-temps à cette question ; elle est au nombre de celles qui sont inutiles et dangereuses à traiter par le raisonnement séparé de l'*action*. Nous devons agir pour obtenir des bases de méditation, et non pas méditer avant d'avoir obtenu ces bases. Sans cela chacun erre dans le vuide, et dans l'espace ténébreux ; chacun saisit un sens particulier que par ignorance et par légéreté il veut généraliser ; tout s'obscurcit, parce que tout se divise ; tout s'anéantit, parce que l'homme réduit à lui-même, épuise ses forces, et ne reçoit rien pour les renouveller ; et voilà d'où sont provenus les Schismes, les Sectes, c'est-à-dire, le néant ; enfin, une des grandes sciences, est de savoir s'arrêter à propos.

Bornons-

Bornons-nous donc à reconnoître que l'Agent universel paroissant au milieu des temps à une époque quaternaire, et donnant à l'homme la vraie réaction dont il avoit besoin, l'a mis à portée de rentrer dans son ancien domaine, et d'en parcourir toutes les parties : car si le corps de l'homme lui présente deux diametres, si par-là, ce corps est un signe périssable de la mesure universelle, son Etre intellectuel tenant au Principe infini, est à plus forte raison revêtu d'un signe quaternaire participant de l'infini, et avec lequel il peut mesurer à jamais tous les Etres.

Mais les deux diametres corporels de l'homme sont, pour ainsi dire, confondus, insensibles, défigurés, et sans action dans le sein de la femme, jusqu'au moment où parvenant à la lumiere élémentaire, il lui est permis de les déployer: c'est donc nous indiquer que la mesure quaternaire de l'homme intellectuel étoit resserrée, et comme nulle depuis qu'il avoit commis le désordre; et qu'elle ne pouvoit s'étendre et se développer qu'à l'époque de la grande lumiere, à cette époque où les *vertus* de l'*Unité* se sont elles-mêmes *sensibilisées*, afin de couler dans les quatre canaux qui forment le caractere hiéroglyphique de l'homme.

Cette époque rend donc à l'homme les moyens positifs d'exercer à son tour la même

réaction

réaction sur tout ce qui est encore obscur et caché pour lui ; et il n'y a plus rien dans les loix et dans la nature des Etres, qui doive pouvoir se refuser à son empire, puisque tous les Etres sont eux-mêmes des subdivisions de la mesure universelle, et qu'ils tiennent tous partiellement au *grand quaternaire*.

Mais pour que ce développement universel produisît de semblables effets, il a dû s'opérer au milieu du temps universel, et au milieu du temps particulier qui en est la répétition abrégée, et qui divise par *quatre* le cours de la Lune ; l'Agent chargé de cette œuvre a dû la compléter, non seulement entre la nouvelle et la pleine Lune, mais encore au milieu d'une période septénaire de jours sous-multiple de la période lunaire ; enfin, c'est à la fois au centre d'une semaine, au centre du mois *périodique* de la Lune, et au centre du cours universel de la Nature, que cet Agent a dû divulguer aux hommes la Loi secrete voilée pour eux depuis leur exil dans ce séjour d'expiation, afin qu'en agissant virtuellement dans ces trois centres, il ouvrît pour ainsi dire le passage aux *vertus* des trois facultés suprêmes, qui seules pouvoient revivifier les trois organes intellectuels de l'homme, et rendre l'*ouïe*, la *vue*, et la *parole* à toute sa postérité.

C'est

C'est à cette triple époque qu'il a dû entrer dans le *Saint* des *Saints*, s'y revêtir de cet *Ephod*, de cette *Robe de lin*, de ce *Pectoral*, de cette *Tiare* dont les Grands-Prêtres des Hébreux faisoient usage dans leurs fonctions sacerdotales, et qui n'étoient pour eux que le symbole des *vrais vêtemens* dont le Régénérateur devoit couvrir un jour la nudité de la postérité humaine.

Là, il a dû développer la *Science* aux yeux de ceux qu'il s'étoit choisis; il a dû rétablir devant eux, les *mots* qui s'étoient effacés dans cet *ancien Livre* confié autrefois à l'homme, et que cet homme avoit defigurés; il a dû même leur donner un *nouveau Livre* plus étendu que le premier, afin que par-là ceux à qui il seroit transmis, pussent connoître et dissiper les maux et les ténebres dont la postérité de l'homme étoit environnée; et qu'ils apprissent encore à les prévenir, et à se rendre invulnérables.

Là, il a dû préparer cet *antique parfum* dont il est parlé dans l'Exode, composé de *quatre aromates d'égal poids*, et que les Prêtres des Hébreux ne pouvoient employer qu'aux usages du Temple, sous les défenses les plus rigoureuses; il a dû en remplir l'*encensoir sacré*, et après avoir *parfumé* toutes les *régions* du Temple, il a dû convaincre ses Elus, qu'ils ne pouvoient rien sans ce *parfum*.

Enfin

Enfin son œuvre eut été inutile pour eux, s'il ne les eût pas initiés à ses connoissances, en leur enseignant à *cueillir* eux-mêmes ces *quatre précieux aromates*, à en *composer* à leur tour ce même *parfum* incorruptible, et à en *extraire* ces *exhalaisons pures* qui par leur vivante salubrité sont destinées depuis l'origine du désordre à *contenir* la *corruption*, et à assainir tout l'Univers.

Car l'Univers est comme un grand feu allumé depuis le commencement des choses pour la purification de tous les Etres corrompus. Suivant la loi des feux terrestres, il a commencé par être couvert de fumée ; ensuite la flamme s'est développée, et doit continuer insensiblement à consumer toutes les substances matérielles et impures, afin de reprendre *sa premiere blancheur*, et de rendre à ces Etres leurs couleurs primitives.

C'est pour cela que dans l'ordre élémentaire, lorsque la flamme a percé, lorsqu'elle est montée au dessus des matieres combustibles, elle en poursuit la dissolution jusqu'à leur destruction totale ; c'est pour cela qu'à mesure qu'elle a attiré vers elle tous leurs *Principes de vie*, qu'elle les a dégagés et unis à sa propre essence, elle s'éleve avec eux dans les airs, et leur rend cette existence libre et active dont ils ne jouissoient pas dans les corps.

Le Chef Universel de tous les Instituteurs spirituels

spirituels du culte pur et sacré, a dû comme eux retracer sur la terre ce qui se passe dans la classe supérieure; et cela conformément à cette grande vérité, que tout ce qui est sensible n'est que la représentation de ce qui ne l'est pas, et que toute action qui se manifeste, est l'expression des propriétés du Principe caché auquel elle appartient. L'Elu Universel doit même avoir accompli cette Loi d'une maniere plus éminente que ne l'avoient fait tous les Agens dont il venoit completer l'œuvre, puisque ceux-ci n'avoient montré sur la terre que le culte de justice et de rigueur, et qu'il venoit lui-même y apporter le culte de gloire, de lumiere et de miséricorde.

Ainsi dans tous ses actes, et dans le culte qu'il a exercé, il a dû démontrer tout ce qui s'opere dans l'ordre invisible. Du haut de son trône, la Sagesse Divine ne cesse de créer les moyens de notre réhabilitation : ici-bas le Régénérateur universel n'a pas dû cesser de coopérer au soulagement corporel et spirituel des hommes, en leur transmettant les différens dons relatifs à leur propre préservation, et à celle de leurs semblables, en leur apprenant à éloigner d'eux les pieges qui les environnent, et à se remplir de la vérité.

Du haut de son trône, la Sagesse Divine ne cesse de tempérer le mal que nous commettons, et d'absorber nos iniquités dans l'immensité de

son amour : ici-bas le Régénérateur universel à
dû pardonner aux coupables, et quand on les
a accusés devant lui, il a dû montrer que c'é-
toit faire un plus grand œuvre, de les renvoyer
absous, que de les condamner.

Enfin, du haut de son trône, la Sagesse Divine
donne ses propres *puissances* et ses propres *vertus*,
pour annuller le *traité criminel* qui a soumis toute
la postérité de l'homme à l'esclavage : ici-bas le
Régénérateur universel a dû donner ses sueurs et
sa vie même pour nous faire *connoître sensiblement* les vérités sublimes, et pour nous *arracher à la mort.*

C'est ainsi que l'ordre visible et l'ordre invisible étant mûs par une correspondance intime,
présentent aux hommes l'unité indivisible du
mobile sacré qui fait tout agir. Il n'y a plus
pour l'*Intelligence*, ni inférieur, ni supérieur
parmi les pouvoirs suprêmes ; elle ne voit plus
dans toutes les parties du grand œuvre qu'un
seul fait, qu'un seul ensemble, et par conséquent qu'une seule main.

Car c'est une vérité constante que tous ces faits
n'auroient jamais eu lieu pour l'homme, si celui
qui venoit les opérer ne fût demeuré en jonction,
dans tous les actes de son ministere, avec l'*Unité*
à laquelle il tient éternellement par son essence ;

de

de même que toutes les manifestations possibles des puissances Divines que la Sagesse envoie au secours de l'homme, seroient nulles pour lui, s'il y avoit la moindre séparation, la moindre division entre ces puissances, puisque l'homme étant au dernier anneau de la chaîne, il ne pourroit jamais voir arriver jusqu'à lui, les *vertus* de l'extrêmité supérieure, si quelques-uns des anneaux intermédiaires étoient rompus.

Et pour affermir notre confiance, soit sur l'union nécessaire de ces vertus avec leur Principe, soit sur la possibilité en général de toutes les manifestations dont j'ai parlé, je rappellerai ici que la matiere, quoique vraie relativement aux corps et aux objets matériels, n'est qu'apparente pour l'intellectuel ; que c'est en raison de cette apparence, que les actions supérieures peuvent parvenir jusqu'à nous, et que nous pouvons nous élever jusqu'à elles ; ce qui seroit impossible, si l'espace qui nous sépare étoit fixe, réel, et imperméable ; de même qu'il n'y auroit aucun commerce d'influences entre la terre et les astres, si l'air qui en occupe le milieu, n'étoit fluide, élastique, et compressible.

Toute la récompense que je desire de celui à qui je dévoile ces vérités, c'est qu'il médite sur les loix de la réfraction ; qu'il observe qu'elle est plus grande en raison de la densité des

 milieux ;

milieux; qu'ainsi il reconnoisse que l'objet de l'homme sur la terre doit être d'employer tous les droits et toute l'action de son Etre, à raréfier autant qu'il le peut, les *milieux* qui sont entre lui et le *vrai Soleil*, afin que l'opposition étant comme nulle, le passage soit libre, et que les rayons de la lumiere arrivent jusqu'à lui sans *réfraction*.

On doit voir que l'homme lui-même, quoique séparé de cette Sagesse dans laquelle il a puisé la vie, ne l'est que relativement à lui, et nulle-ment pour la suprême Intelligence, qui embras-sant l'universalité des Etres, et leur donnant seule l'existence, démontre l'impossibilité qu'un Etre existe, et lui soit inconnu.

Mais dès que, malgré nos souillures et notre dégradation, nous ne pouvons jamais nous sous-traire à la vue intime, entiere et absolue du grand Principe, peut-être, seroit-il moins éloi-gné de la nôtre que nous ne le pensons, si pour nous appercevoir de sa présence, nous sui-vions des voies plus vraies et moins obscures; peut-être tous les obstacles seroient-ils nuls et insensibles, si nous employions, pour rétablir nos rapports avec lui, tous les efforts que nous mettons à les détruire.

Si de tels rapports sont le privilege des *Puis-sances pures*, qu'il plaît à la Sagesse de faire com-muniquer

muniquer jusqu'à nous, c'est que ces *Puissances*, ne les altérant point comme nous par une marche déréglée, lui restent unies par leur volonté, comme elles le sont par leur essence, et conservent ainsi l'unité de toutes leurs facultés, et de toutes leurs correspondances avec lui.

Nous devons donc convenir que toutes les manifestations supérieures, dont nous sentons la nécessité pour nous retracer les droits de notre premiere Nature, ne présentent de séparation que relativement à nous qui sommes resserrés dans des bornes étroites, et qui par la foiblesse de nos yeux, ne pouvons voir qu'une partie du tableau, tandis que celui qui le tient dans sa main, le vivifie, le contemple et le voit toujours dans son entier.

Ainsi tout est lié pour Dieu, tout se tient, tout existe ensemble; toutes les *vertus*, soit inhérentes à lui, soit émanées de lui, sont vues et animées par lui; tous les Etres qu'il a choisis, tous les hommes qu'il a fait naître, enfin tous les ressorts qu'il a employés depuis l'origine des choses, et qu'il emploiera jusqu'à leur fin, et dans sa propre éternité, sont toujours présens devant lui: autrement son œuvre seroit périssable; il ne produiroit que des Etres mortels; et quelque chose pourroit être soustrait à son universalité.

(L 3)   Nous

Nous devons répéter aussi, que la volonté fausse de l'Etre libre est la seule cause qui puisse l'exclure de l'harmonie universelle de l'*Unité*, puisqu'il tient toujours à cette *Unité* par sa Nature : d'où il résulte que, si tâchant d'imiter les *Puissances pures*, qui manifestent devant lui les *vertus* Divines, sa volonté s'unissoit à la volonté du grand Principe, il auroit comme elles la jouissance de tous ses rapports avec ce Principe.

Il lui ressembleroit par l'indestructibilité de son Etre, fondée sur la loi de son émanation ; il seroit compris dans l'harmonie de toutes les facultés divines ; et parmi toutes les *vertus* que la Sagesse lui fait manifester, il n'y en auroit point qui ne lui fût connue et dont il ne pût jouir, autrement il ne connoîtroit pas leur unité.

Car, l'amour du bonheur des Etres étant spécialement de l'essence de la Sagesse, quand elle fait parvenir jusqu'à nous, des puissances subdivisées, et la sienne même, son objet n'est que de nous ramener à cette unité harmonique, dans laquelle seule tous les Etres peuvent jouir de la plénitude de leur action.

Elle n'a donc semé pour ainsi dire, toutes ces *vertus* autour de nous, qu'afin de nous porter à les recueillir, à les rassembler, et à en faire notre aliment journalier ; en un mot, à en composer nous-mêmes une unité, en rapprochant

les

les temps et les distances qui les tiennent éloignées, et en écartant d'elles tous les obstacles
et tous les voiles qui les couvrent à nos yeux,
et nous empêchent de les appercevoir.

Ainsi toutes ces *vertus* Divines, ordonnées
par le grand Principe, pour coopérer à la réhabilitation des hommes, existent toujours autour de nous, près de nous, et ne sortent jamais
de l'enceinte où nous sommes renfermés ; comme
les productions de la Nature élémentaire environnent continuellement nos corps, et sont toujours prêtes à nous communiquer leurs propriétés salutaires, à nous guérir de nos maladies, et
même à nous en préserver, si nos vues fausses,
et contraires à cette Nature, ne nous éloignoient
pas si souvent de la connoissance de ses trésors,
et des fruits qu'elle pourroit nous procurer.

Ainsi, sans les obstacles que nous opposons
nous-mêmes aux actions bienfaisantes du grand
Principe, il n'y auroit pas une de ces *vertus*, que
nous ne pussions cueillir et nous approprier, si
l'on peut ainsi s'exprimer, comme nous pourrions nous approprier toutes les *vertus* des substances salubres de la Nature élémentaire.

Ainsi, sans la dépravation ou la foiblesse de
notre volonté, nous ne serions séparés qu'en apparence, de tous ces Etres, de tous ces Agens

(L 4) salutaires,

salutaires, dont les bienfaits sont consacrés dans les différentes Traditions; et nous serions près d'eux en réalité.

Toutes les œuvres de ce grand Principe nous seroient présentes, & depuis le commencement des temps jusqu'à nous, aucun Etre, aucun *nom*, aucune puissance, aucun fait, aucun Agent ne nous demeureroit inconnu: de façon que ces Elus qui ont opéré sur la terre cette suite de faits transmis jusqu'à nous par les Traditions des Peuples, que toutes leurs lumieres, leurs connoissances, leurs *noms*, leur intelligence, leurs actions ne formeroient pour nous qu'un seul tableau, qu'un seul point de vue, qu'un seul ensemble, dont tous les détails seroient destinés à notre instruction et soumis à notre usage. Ce qui démontre combien les Livres seroient inutiles, si nous étions *SAGES*; car les Livres ne sont que des recueils de pensées, et nous vivons au milieu des *pensées*.

En effet, si tout est essentiellement lié, inséparable, indivisible, comme provenant de l'essence Divine; si toutes les *vertus* qui émanent du grand Principe, sont toujours unies et dans une parfaite et intime correspondance, il est évident que l'homme ne pouvant anéantir ni changer sa propre nature, qui le lie nécessairement à l'unité universelle, est sans cesse au milieu

milieu de toutes les *vertus* Divines envoyées dans le temps; qu'il en est environné; qu'il ne peut faire un pas, un mouvement, sans communiquer avec elles; qu'il ne peut agir, penser, parler dans la solitude la plus profonde, sans les avoir pour témoins, sans en être vu, entendu, touché; et que s'il n'y avoit entr'elles et lui, le fruit de sa volonté lâche et corrompue, il les connoîtroit aussi intimement qu'elles le connoissent, il auroit sur elles, les mêmes droits qu'elles ont sur lui; et ce n'est point aller trop loin que d'assurer qu'il pourroit étendre ses privileges jusqu'à connoître visiblement Fohi, Moïse, le Régénérateur universel lui-même, puisque ce privilege embrasse généralement tous les Etres qui depuis le commencement des temps ont été appellés sur la terre.

Quelle raison pourroit même nous empêcher de croire que sans notre volonté corrompue, nous aurions de pareils droits sur les grands faits et sur les grandes actions à venir? Si notre nature nous appelle à partager les propriétés de l'*unité*, ne devons-nous pas, comme elle, embrasser tous les espaces, tous les temps, puisque nous sommes, comme elle, au dessus de tout ce qui est passager et temporel?

Oui, s'il est vrai que dans notre essence nous soyions liés à l'*unité* d'une maniere inséparable,

nous

nous devons l'être dans tous les faits qui lui sont propres, dans ceux qui ont existé avant les temps, dans ceux qui ont existé depuis le commencement des temps, dans ceux qui existeront jusqu'à la fin des temps, dans ceux même qui auront lieu après la dissolution et la disparition des choses apparentes et composées. Car nous ne tiendrions plus à l'*unité*, si nos droits n'étoient que partiels, et que nous ne pussions pas contempler dans leur ensemble tous les détails du spectacle de l'immensité.

Nous voyons par-là combien se simplifie l'idée qu'on a des Prophetes : leur gloire, leurs lumieres devroient être celles de tous les hommes : tous les hommes sont des Prophetes par leur nature ; c'est leur foiblesse et leur dépravation qui les empêchent d'en manifester les privileges.

L'étymologie de ce nom en est la preuve. Les Hébreux l'exprimoient par le mot *Roëh*, participe du verbe *Raah*, *il a vu*. Aussi nommoient-ils leurs Prophetes, des *Voyans*. Aussi peut-on faire descendre de-là les droits et les *vertus* des Rois, à qui, selon la vraie signification, devroit appartenir principalement la qualité de *Voyant*. Aussi le premier Roi d'Israël reçut-il ses titres et son autorité, du *Voyant* Samuel, parce qu'alors les Chefs temporels des Hébreux

Hébreux étoient des *Voyans*, comme l'homme l'étoit dans son premier état, et comme toute sa postérité auroit dû l'être.

Enfin les *deux mondes* sont remplis de trésors nés ou à naître, qui se manifestent au gré de l'homme quand il est sage ; car il y a un *Seminal* universel dans l'un et dans l'autre ; ce *Seminal* est sans borne, sans nombre, sans fin ; il n'attend pour produire et pour se montrer qu'un choc ou une raison convenable, et cette raison est la pureté des desirs de l'homme. Peut-il donc se plaindre de son ignorance, peut-il avoir des maux et des peines, puisqu'à tout instant il a le pouvoir de s'instruire, ou de prier *efficacement* son Dieu.

Au surplus ceux qui ne voudroient pas croire à leur ame, parce qu'on ne leur montreroit pas dans la leur tout ce qu'on leur dit devoir y être, annonceroient par-là bien peu d'intelligence. En effet, la leur montrer, dans l'état de ténebres où ils l'ensevelissent, ce ne seroit pas la leur montrer. Mais avant d'assurer que toutes les merveilles que nous lui attribuons, ne s'y trouvent pas, il faudroit qu'ils eussent fait quelques efforts pour les y chercher : et peut-être ces efforts les y auroient-ils fait naître ; peut-être reconnoîtroient-ils qu'il ne leur seroit pas si difficile qu'ils le pensent de se rendre heureux, et que s'ils vouloient l'être, ils n'auroient qu'à *parler*.

20.

IL se présente ici une question importante ; savoir, quels sont les moyens sensibles que l'Agent universel a dû employer pour présenter visiblement l'unité de ses *vertus* à l'Univers, au milieu des temps et au centre de toutes les immensités temporelles universelles et particulieres.

Mais je dirai peu de chose sur cet objet ; car on n'a pas oublié qu'aucune *vertu* supérieure, qu'aucune pensée ne vient auprès de l'homme sans se condenser, pour ainsi dire, et s'unit aux couleurs sensibles de la région que nous habitons ; observant toutefois qu'elles suivent les Loix terrestres sans en être commandées, qu'elles les dirigent et les perfectionnent, au lieu d'être liées et resserrées par leurs actions passives.

On n'a point oublié non plus quelle est la dignité de la forme de l'homme ; ainsi il suffit de savoir que cet Agent universel a dû suivre la loi commune à tous les Agens qui se sont manifestés ; ajoutons cependant que de même que par sa Nature Divine il a rassemblé en lui les *vertus* intellectuelles

intellectuelles de tous les Agens qui l'avoient précédé, de même sa forme corporelle a dû renfermer toutes les *vertus* subdivisées et contenues dans tous les corps de l'Univers.

Ajoutons encore que s'il est vrai, selon l'ouvrage déja cité, que le premier homme terrestre n'ait point eu de mere, puis qu'avant ce premier homme terrestre, nul corps humain *matériel* n'avoit existé; il falloit que celui qui pouvoit seul rendre la lumiere à sa postérité, n'eût point de pere; et cela ne surprendra pas, si l'on pénetre dans la connoissance du Principe qui forma primitivement ces corps.

Enfin le premier homme ayant placé le mal à côté du bien, il falloit que l'Etre régénérateur plaçât le bien à côté du mal, afin de balancer le poids et l'action du crime, et de completer les termes de la proportion.

Or la matiere à laquelle l'homme s'est uni criminellement, n'est-elle pas la source de l'erreur et des pâtimens qu'il éprouve? ne le tient-elle pas comme enchaîné parmi des substances qui lui présentent dans l'ordre sensible, tous les signes de la réalité, tandis qu'elles n'en ont aucune pour son Etre pensant? Le Régénérateur universel, en s'unissant volontairement et *purement* à une forme sensible, doit donc avoir fait le type opposé; c'est-à-dire qu'il a dû pré-

sentes

senter aux yeux de la matiere, tous les indices de la défectuosité, de la fragilité dont elle est susceptible, sans qu'aucune des sources de cette corruption ait pu atteindre jusqu'à *lui*. En un mot, si la matiere avoit *charmé* l'homme, et avoit subjugué les yeux de son esprit, il falloit que le Régénérateur universel *charmât* la matiere, et qu'il en démontrât le néant, en faisant régner devant elle le *vrai*, le *pur*, l'*immuable*.

Ainsi il ne s'est montré sur la terre, conformément à ces loix, que pour peindre à l'homme sa propre situation, et pour lui tracer l'histoire entiere de son Etre; c'est à dire, que si le Régénérateur a dû présenter à l'homme le tableau de son état mixte et dégradé, il doit aussi lui avoir manifesté celui de son état simple et glorieux; et pour cet effet il faut que la mort ait opéré en lui, devant les hommes, une séparation visible des deux substances qui nous composent, afin que par cette visible *analyse*, nous ne pussions douter que ce qui forme aujourd'hui cet impur amalgame, est l'union d'un Principe supérieur et sublime, à un Principe terrestre et corruptible.

« En un mot, il falloit que l'hieroglyphe s'effaçât pour que la *langue* parût; car nous avons vu que l'hiéroglyphe a été antérieur aux langues; et c'est ce qui pourroit faire dire que tous les

Elus

Elus précédens n'étoient que des hiéroglyphes dont l'Elu universel étoit la *langue.* C'est pour cela qu'il avoit deux alphabets, puisqu'il falloit qu'il sût deux *langues*; celle des Elus précédens et la sienne. Les *nombres* de ces deux alphabets sont faciles à connoître, puisqu'ils sont le double du *nombre* de l'homme : et le nombre de l'homme se trouve à la fois pour son élection, pour son terme, et pour son *progrès* dans *cent quarante-cinq mille* huit cent *soixante-sept.* »

Il falloit en même temps que cette séparation visible s'opérât par un moyen violent, pour rappeller à l'homme que ce fut un moyen violent qui unit autrefois son Etre intellectuel avec le sang.

Il falloit de plus que cette séparation fût volontaire, puisque la premiere union l'avoit été.

Il ne falloit pas cependant que la Victime volontaire s'immolât elle-même ; puisqu'alors elle n'eût plus été irréprochable, et le sacrifice eût été *sans effet.*

Il falloit aussi que ceux qui immoloient cette Victime, ne la connussent point pour ce qu'elle étoit, parce qu'ils ne l'auroient pas immolée.

Recueillons nous ici, contemplons l'universalité des vertus Divines opposées à l'universalité des désordres qui avoient souillé toutes les classes

ses des Etres ; considérons l'unité des biens effa-
çant l'unité des maux , en supportant et annul-
lant à la fois tous leurs efforts : enfonçons-
nous dans cet abyme de sagesse et d'amour , où
la *Victime* généreuſe *se sacrifie* elle-même sans
crime, et où les aveugles sacrificateurs , en détruisant son enveloppe apparente , mettent à découvert l'unique modele de l'ordre et de la pureté ,
et extraient , sans le savoir , un *électre universel.*

Car les bienfaits dont cet Agent est l'organe
et le dépositaire , n'ont dû se borner ni aux lieux
où il a paru , ni aux hommes qu'il s'éroit choisis , ni même à tous ceux qui existoient alors sur
la terre : en communiquant ses dons à ses Elus ,
il ne leur avoit donné que le germe de l'œuvre ,
il devoit ensuite le développer , et l'opérer en
grand dans toutes les régions que les suites du
crime avoient atteintes , c'est-à-dire , dans toutes les classes des Etres , puisqu'il n'y en avoit
aucune qui n'en eût été ébranlée.

Ainsi les corps et les Élémens , exposés par la
foiblesse et par le crime de l'homme , à la contr'action , qui tend sans cesse à déranger leurs
loix , ont dû recevoir par celui qui venoit tout
régénérer , des préservatifs propres à les conserver
dans l'harmonie qui les constitue , et à éloigner
les actions destructives. Enfin ils ont dû être
préparés par-là , à voir rendre encore sur eux les

droits

droits de l'homme et plus puissans et plus ma-
nifestes Et si le fer, étant maintenu dans la direction propre à l'aimant, peut acquérir une partie
des qualités magnétiques, devrions-nous être
surpris que des hommes qui auroient suivi constamment le sentier des *vertus* de l'Agent universel, se fussent remplis de ces mêmes *vertus*, et
que brûlant de zele et de confiance, ils eussent
calmé les vents et les flots, arrêté l'effet du venin
des viperes, rendu l'action aux paralytiques,
guéri les maladies, et même arraché des victimes à la mort.

Cette influence universelle sur la terre et sur les
élémens a dû nous être marquée par quelques
signes sensibles, de la part de celui qui venoit
la régénérer : comme lors de la sortie d'Egypte,
parurent visiblement les indices d'un secours et
d'une *vertu* supérieure, par ce sang appliqué sur
les trois différentes parties des portes des Hébreux.

Or les signes de l'œuvre que le Régénérateur
opéroit invisiblement sur l'Univers, ont dû se
trouver dans les loix de la décomposition de son
propre corps, puisque son corps renfermoit les
Principes les plus purs et les plus actifs de la
Nature.

Il a dû manifester trois actes successifs de purification, opérés par les trois substances pures
de sa forme matérielle en dissolution sur les trois

<table><tr><td>*II. Partie.*</td><td>(M)</td><td>élémens</td></tr></table>

élémens terrestres qui ont servi de principes à tous les corps ; élémens que le crime avoit infectés, et par eux toute la Nature : élémens qui avoient été souillés de nouveau par les prévarications des premieres postérités de l'homme, et dont les Elus précédens, quelque virtuels qu'ils fussent, n'avoient pu completer la purification.

En effet, l'unité ternaire qui avoit tout produit, ne pouvoit tout rétablir, que par le même nombre : mais avec cette différence, qu'agissant alors sur les choses composées, elle ne pouvoit procéder que par des actions distinctes ; au lieu que dans l'origine, opérant sur les Principes mêmes, elle avoit tout produit dans un seul fait.

Après avoir régénéré les trois bases fondamentales de la Nature, il falloit régénérer les *vertus* qui lui servent de mobile et de réaction : il falloit rendre à tous ces mobiles invisibles, l'activité qu'ils avoient perdue par la criminelle négligence de l'homme, qui, chargé de présider à leur harmonie, en avoit laissé altérer la pureté et la justesse ; ou plutôt il falloit détruire tous les obstacles que le crime de l'homme avoit laissé naître près de ces mobiles, et dans toutes les parties de l'Univers. Ce sont-là ces barrieres terribles que toute sa postérité doit franchir avant de rentrer dans le séjour de la lumiere ; ce sont-là

ces

ces différentes suspensions qui se présentent à la pensée comme inévitables pour l'homme, après qu'il sera séparé de sa forme sensible.

C'est donc sur ces barrieres invisibles que le Réparateur a dû étendre ses *vertus*. Par le droit dont il étoit dépositaire, il a pu en faciliter tellement l'accès, que tous ceux qui y étoient arrêtés depuis l'origine du désordre, et tous ceux qui n'en avoient point encore approché, se fortifiant de ces mêmes *vertus*, pussent aujourd'hui surmonter ces obstacles sans péril, comme portant de nouveau sur eux le même *caractere*, et le même *nom* qui devoit autrefois leur faire ouvrir toutes les enceintes, et leur procurer, au milieu des plus terribles malfaiteurs, le respect et la sécurité.

« Les *vertus* de ces mobiles supérieurs sont retracées et mises sensiblement en action par les sept Astres Planétaires. Ce sont elles dont il est question, dans l'ouvrage déja cité, sous l'allégorie des sept arbres, et de l'échelle géographique de l'homme. Elles sont les organes du nombre quaternaire, dont la force et l'existence sont démontrées par les quatre especes d'astres qui composent la région céleste, savoir les Planetes, les Satellites, les Cometes, et les Etoiles fixes. »

« Comme telles, elles sont du plus grand prix pour l'homme. Ce sont-là en effet ces colonnes

 puissantes

puissantes qui devoient lui servir de rempart ;
et qui ont été pour lui l'obstacle le plus redoutable, jusqu'à ce qu'une main bienfaisante soit
venue l'aider à le vaincre. Ce sont-là les sept
portes de la science, qui ne peuvent être ouvertes que par celui qui possede la double clef quaternaire. Ce sont-là les sept dons qui depuis
le crime ont été retirés aux hommes, et qui
néanmoins circulant sans cesse autour de nous,
sans que nous en jouissions, ont fait dire que le
Juste même péchoit sept fois par jour, parce
que selon la *vraie définition* du mot *Péché*, c'est
par ce nombre que les murs de Jéricho furent
renversés ; c'est par ce nombre que fut guérie la
lepre de Naaman. Ce sont enfin les sept *types*
de ces sept *actions* que les Traditions hébraïques
nous représentent comme ayant dirigé et com-
pleté l'origine des choses ; et comme devant,
pendant leur durée, servir de colonnes au Temple que l'homme auroit dû occuper dans l'Univers. »

« Car, depuis le crime, ces sept Types demeu-
roient comme sans action, attendant celui qui
devoit les ranimer. Dès qu'il a paru, ils ont re-
pris la vie ; et se reproduisant dans leurs propres
vertus, comme Dieu même, ils ont dès-lors manifesté leur acte sensible. La premiere puissance
de cette manifestation étant désignée par le
nombre

nombre quarante-neuf, c'étoit sept semaines ou quarante-neuf jours après la consommation de l'œuvre que ces dons visibles devoient se repandre; parce que c'étoit alors que devoit s'ouvrir cette cinquantieme porte de laquelle tous les esclaves attendoient leur délivrance, et qui se rouvrira de nouveau à la fin des temps pour ceux qui, selon Daniel, auront le bonheur d'attendre, et de parvenir jusqu'à *treize cent trente-cinq jours* ».

N'étoit-il pas également nécessaire que celui qui devoit verser ces dons sur la terre, parcourût l'espace qui la sépare du premier Auteur des Etres; qu'après avoir purifié les sept canaux, par lesquels toutes les *vertus* doivent couler dans le temps, il allât prendre sur l'*Autel d'or*, *le pain de proposition* qui est sans cesse placé devant l'Eternel, et que le transportant dans toutes les régions de l'Univers, il le distribuât non seulement aux hommes qui depuis le commencement des siecles avoient traversé l'habitation terrestre que nous occupons, mais à ceux-mêmes qui existoient corporellement sur ce théatre d'expiation, attendu qu'ils étoient tous encore dans la disette de leur véritable nourriture.

D'ailleurs, nous ne pouvons nous dispenser de convenir que c'est par une parole que ce grand acte devoit se produire; puisque si nous n'avons pas d'autre instrument pour manifester nos idées, il résulte que l'Etre principe dont nous sommes le signe et la représentation, ne pouvoit également nous apprendre que par la parole, les desseins sacrés qu'il avoit eu sur nous dès l'instant de notre existence, et que l'homme avoit méprisés; par conséquent s'il devoit nous manifester au milieu des temps une unité de parole, il devoit donc nous manifester de nouveau la profondeur de toutes ses pensées, et nous mettre à portée de recouvrer le secret même de sa sagesse et de toutes ses *vertus*.

Or voici quelle est la progression de la manifestation de ses puissances. L'Univers matériel est l'expression de sa *parole physique*; les Loix et les trésors de la premiere Alliance de l'*Etre principe* avec la postérité de l'homme sont l'expression de sa *parole spirituelle*; le grand œuvre opéré par la seconde Alliance est l'expression de sa *parole divine*.

Il paroîtroit en même temps nécessaire que ce grand œuvre se couronnât sur la terre par la multiplication des langues.

Les premieres postérités de l'homme, en s'abandonnant à des excès criminels envers la vérité, avoient subi pour leur punition cette terrible *confusion des langues*, qui avoit rendu

tous

tous les individus et tous les Peuples, *étrangers* les uns aux autres.

Les remedes de la Sagesse suprême se proportionnant toujours à nos maux, devoient donc prendre la voie la plus favorable pour nous, qui étoit de multiplier les *dons* des *langues* dans ceux qu'elle chargeroit d'annoncer ces *vertus* et de les manifester sur la terre.

Car au moyen de cette multiplication des langues, ils devroient se trouver à portée de faire parvenir les remedes par-tout où le mal auroit gagné, et de rappeller à l'union, à l'intelligence et à la vie, tous ceux que le crime auroit livrés à la dispersion, aux ténebres et à la mort : c'est-à-dire, qu'ils pouvoient par cette multiplication des langues, rassembler et réunir tous ceux que la *confusion des langues* avoit *séparés.* Vérité profonde, instructive pour ceux qui ne sont point étrangers aux rayons de la lumiere, et qui sont assez heureux pour *contempler* quelquefois avec confiance, les *voies* et les *fruits* de la Sagesse !

Enfin, si nous ne pouvons ici bas connoître les choses que par leurs signes, et non par leurs Principes ; si dans une circonstance si importante, les desseins de cette Sagesse en faveur de l'homme, devoient être exprimés d'une maniere qui fût à couvert de toute équivoque, il

(M 4)

falloit

falloit que pour signes sensibles , elle prît des *langues de feu.*

Voilà comment les *vertus* Divines étant toujours invisiblement liées les unes aux autres , auront pu disposer de nouveau l'Univers pour l'homme , et rétablir en même temps l'homme dans ses droits sur l'Univers.

C'est alors que l'œuvre universelle temporelle est accomplie ; car le Réparateur ne pouvoit ramener le calme dans l'Univers , il ne pouvoit régénérer la vie dans l'ame de l'homme , sans rendre la paix et la félicité aux Etres d'une autre classe , à ces Etres supérieurs au temps par leurs fonctions primitives , mais qui , par zele pour le regne de la vérité , se trouvoient en aspect du désordre depuis son origine , tandis qu'ils n'étoient faits que pour contempler à jamais le spectacle vivifiant de la perfection et de l'*ordre.*

Car , si la dégradation de l'homme leur a fait , pour ainsi dire , exercer des fonctions étrangeres à leur véritable emploi , l'acte qui a dû être opéré pour sa réhabilitation , leur rend l'espoir de leurs premieres jouissances , qui sont de voir régner par-tout la régularité , la justesse et l'*unité.*

Il est temps de l'avouer ; la principale vérité que cette époque universelle temporelle pût découvrir

couvrir à l'homme, c'étoit de lui apprendre le véritable usage de cette bienfaisance que tous les Peuples ont pratiquée dès qu'ils ont été hors de l'état de nature brute, mais qui étant encore séparée de la loi d'intelligence, se bornoit à des actes d'humanité, au soulagement des besoins du corps, et aux devoirs de l'hospitalité.

Lorsque l'exercice de cette *vertu* commença à se perfectionner, elle enseigna toujours à l'homme les mêmes devoirs, mais elle lui apprit aussi à rendre à ses semblables d'*autres services*. Elle lui fit comprendre qu'il est comptable envers eux de toutes les *vertus* qui sont en lui, puisqu'elles ne lui ont été données par la Sagesse suprême, que comme une *voie de réaction*, pour faire sortir à leur tour les *vertus* qui sont en eux; qu'ainsi, pour une œuvre aussi sublime, la tâche de l'homme lui présente des devoirs très-rigoureux, puisqu'il ne peut rester au dessous de lui-même sans porter préjudice à ses semblables, puisqu'enfin une seule de ses *foiblesses* doit coûter aux autres une *vertu*.

Mais en s'unissant à l'Intelligence qui a dû se découvrir lors de la grande époque, cette bienfaisance devient encore plus éminente, en ce qu'elle tient à l'action immédiate du premier de tous les Principes avec laquelle notre nature nous appelle à concourir.

L'ardeur

L'ardeur de son amour pour nous, fait qu'il détache de lui, pour ainsi dire, des *Vertus* sans nombre, et des *Puissances* aussi pures, aussi actives que lui-même. En les détachant, il les expose, si l'on peut se servir de ces expressions, à la *nudité*, au *froid*, à la *faim*, et à toutes les *souffrances* de la région temporelle; et comme il ne les détache que pour nous, que pour les faire parvenir jusques dans nous, nous ne pouvons jamais mieux l'honorer, nous ne pouvons jamais exercer l'hospitalité plus à son gré, ni plus avantageusement pour nous, qu'en mettant *à couvert* ceux qu'il nous envoie, mais qui sont *dehors* et qui ne demandent qu'à *entrer*; qu'en *vétissant* ceux qui se *dépouillent* pour nous; qu'en donnant à *manger* et à *boire* à ceux qui souffrent la *faim*, la *soif*, la *pauvreté* la plus entiere, pour venir se nourrir, se désaltérer, se réchauffer, se revêtir de l'homme, si l'on peut parler ainsi; ou plutôt pour le revivifier lui-même, et *transvaser* leur propre *sang* jusques dans ses veines.

Seroit-ce une chose inadmissible, que le Réparateur universel eût choisi une substance matérielle pour la faire servir de base à ces *vertus* spirituelles Divines, et que la faisant entrer dans le culte qu'il auroit établi, elle reçût de
lui

lui une virtualité qu'elle n'auroit pas par sa nature ? Cette idée est d'autant plus vraisemblable
que d'après la connoissance que nous avons de
l'homme, il peut transmettre ses foibles *vertus*,
à telle substance qu'il juge à propos ; ce qui
dans le physique, comme dans le moral, a été
malheureusement la source d'un grand nombre
d'illusions sur la terre.

« La plus favorable de toutes les substances
de la nature corporelle que le Réparateur eût pu
employer dans le Culte qu'il venoit établir,
c'est le froment. Outre ses qualités particulieres
qui le rendent propre à la nourriture de l'homme,
il porte dans la langue Hébraïque le nom de
bar qui exprime aussi la pureté, la purification,
et sa racine *barar* ou *barah* signifie un choix,
une élection, d'où sont derivés *berith*, *alliance*,
et *barouch*, *bénédiction*. D'ailleurs ce n'est pas
envain que, suivant les Traditions Juives, le
pain, le froment, la fleur de farine paroissent
si souvent employés, soit dans les Sacrifices, soit
dans les alliances des hommes avec les Etres
supérieurs, soit dans la préparation que les Hébreux subissoient pour se disposer à leurs Fêtes :
et mille preuves tirées de l'ordre temporel peuvent justifier tout ce que nous venons de dire en
faveur de cette substance ».

« Le vin étoit aussi du nombre de celles que

la Loi religieuse des Hébreux leur prescrivoit d'employer dans leurs cérémonies saintes. Il n'offre pas cependant des proprietés aussi étendues, ni aussi salutaires que le froment; et la vigne démontre même par des signes matériels que son *nombre* est opposé à la pureté. Mais le Régénérateur universel a dû nécessairement employer le vin dans son culte, parce qu'il est le type du sang dans lequel nous sommes renfermés; qui comme l'*iniquité* doit être consommé et disparoître, afin de nous montrer quelles sont les conditions que la justice exige pour que les traces de notre privation soient effacées ».

Si des hommes séduits par les lueurs spécieuses de leur jugement, étoient choqués de voir que des substances matérielles tiennent en effet leur place dans le culte établi par le Réparateur universel; s'ils regardoient en conséquence ce culte, et le sacrifice qui s'y doit operer, comme absolument figuratifs, et comme une simple apparence, ils seroient visiblement dans l'erreur; parce que dès-lors ce sacrifice seroit nul, et par cela même inutile aux Etres vrais pour lesquels il doit être offert.

D'un autre côté, si l'esprit de l'homme voulant contempler les droits de cet acte efficace et réel, ne les cherchoit que parmi *les nombres passifs*,

sifs, n'y auroit-il pas à craindre qu'il ne trouvât alors que l'apparence de la réalité, au lieu de la réalité même ? ne perdroit-il pas de vue les fruits essentiels de ce culte qui doit rétablir *tous les nombres* dans leur ordre naturel, afin que nous voyions à la fois, dans le même acte, se manifester la sublimité *des nombres vrais*, disparoître la nullité *des nombres passifs*, et rectifier l'irrégularité *des nombres faux* ; c'est-à-dire que dans cet acte, la plénitude des nombres doit se déployer devant l'homme, pour effacer la difformité qui résulte de leur séparation.

Enfin y auroit-il du danger à croire que dans cet acte à la fois corporel, spirituel et divin, dans cet acte qui ne tend qu'à délivrer l'homme de tout ce qui est sang et matiere, tout dût être *ESPRIT* et *VIE* comme celui qui l'a institué, et qui le vivifie, et comme l'homme qui doit y participer ? Mais s'il est certain que ce Culte doit exister sur la terre, c'est à ceux qui en sont les dépositaires à prononcer.

Bornons-nous à reconnoître que toutes les autres parties d'un Culte qui n'est qu'*ESPRIT* et *VIE*, doivent tendre à nous éclairer dans nos ténebres. Il faut qu'elles soient comme une interprétation sensible des plus grandes vérités que l'homme puisse connoître, et qui lui sont vraiment analogues. Il faut que ce Culte considéré

dans

dans ses *temps*, dans son *nombre*, dans ses diverses cérémonies, soit comme un cercle *d'actions vivantes* où l'homme intelligent et non prévenu puisse trouver la représentation caractéristique des loix de tous les Etres, de tous les âges, de tous les faits ; c'est-à-dire, que l'homme doit pouvoir y reconnoître non seulement sa propre histoire depuis sa primitive origine, jusqu'à sa réunion future avec son *Principe*; non seulement celle de la nature entiere, et de tous les Agens physiques et intellectuels qui la composent et qui la dirigent, mais encore celle de la main féconde qui rassemble sans cesse sous nos yeux les traits les plus saillans et les plus propres à l'explication de la vraie nature de notre Etre.

Voilà quels doivent être les signes sensibles des dons que le Réparateur universel a apporté sur la terre ; voilà le tableau abrégé de tout ce qu'il a dû operer, afin que les hommes fussent liés à lui par l'unité d'action, comme il est lié par l'unité d'essence avec la Divinité.

C'est assez détailler les pouvoirs de l'Agent universel, c'est assez montrer les droits qu'il doit avoir à la confiance de l'homme : il nous suffit de pouvoir, par les seules lumieres naturelles, reconnoître combien il étoit nécessaire que

nous

nous eussions un pareil type devant les yeux. Ce seroit être imprudent, et offenser cet Agent que de prétendre l'annoncer plus clairement, puisque pour le faire avec une véritable efficacité, il a fallu qu'il parût lui-même.

D'ailleurs, fixer plus long-temps les yeux des hommes sur ces recherches profondes, ce seroit paroître exclure les personnes simples et sans étude, des privileges qui ont été accordés à toute la postérité humaine.

L'homme, dont le cœur brûlant consume sans cesse les plantes sauvages et mal-saines dont il est environné; l'homme qui regarde l'*Agent* dont il reçoit la pensée, comme un Etre de jalousie qui s'afflige lorsqu'on aime quelque chose qui n'est pas lui; l'homme qui en s'immolant perpétuellement lui-même, est toujours humble et tremblant devant Dieu, *parce que le secret de Dieu ne se révele qu'à ceux qui le craignent;* l'homme simple qui suit avec fidélité et confiance les Préceptes que l'Agent universel doit avoir enseignés, et qui viennent d'une source trop bienfaisante pour conduire à l'illusion et au néant. Tel est celui qui peut prétendre à entrer dans le conseil de paix; d'autant que la science la plus élevée qui se puisse acquérir, est un édifice frêle et chancelant, lorsqu'elle ne repose pas sur toutes ces bases qui en seront toujours le plus ferme appui.

Car

Car enfin si l'homme dirigeoit ses vues vers l'*Electre* universel, et qu'il se réchauffât à la chaleur d'un seul de ses rayons, il seroit bien plus pur, plus lumineux, plus grand qu'il ne pourroit jamais le devenir par les discours et les raisonnemens de tous les Sages de la terre.

D'ailleurs, s'il est des vérités qu'on doive divulguer, il en est beaucoup aussi qu'on doit taire, et l'expérience s'unit à la raison pour engager à la réserve, en montrant les maux inévitables qui, dans tous les temps, sont provenus de la publicité.

Parmi les Institutions savantes et religieuses les plus célebres qui aient existé, il n'en est aucune qui n'ait couvert la *Science* du voile des mysteres. Prenons-en pour exemple le Judaïsme et le Christianisme. Les Traditions Juives nous apprennent comment fut puni le Roi Ezéchias, pour avoir montré ses *trésors* aux Ambassadeurs de Babylone ; et nous voyons par les anciens Rits chrétiens, par la Lettre d'Innocent I à l'Evêque Decentius, et par les écrits de Basile de Césarée, que le Christianisme posséde *des choses de grande force et de grand poids, qui ne sont point, et ne sauroient jamais être écrites.*

Tant que ces choses *qui ne sauroient jamais s'écrire*

s'écrire ne furent connues que de ceux qui devoient en être les dépositaires, le Christianisme jouit de la paix ; mais quand les Empereurs Romains, fatigués de persécuter les Chrétiens, desirerent d'être initiés à leurs mysteres ; quand les Maîtres des Peuples mirent le pied dans le Sanctuaire, et voulurent porter sur les objets les plus sacrés du Culte, des yeux qui n'y étoient pas préparés ; lorsqu'ils firent du Christianisme une Religion d'État, et qu'ils ne la considérerent que comme un ressort politique ; lorsque leurs Sujets furent forcés de se faire Chrétiens, et que l'on se vit ainsi dans le cas d'admettre sans examen tous ceux qui se présentoient : alors naquirent les incertitudes, les doctrines opposées, les hérésies. L'obscurcissement devint presque universel sur tous les objets de la Doctrine et du Culte, parce que les plus sublimes vérités du Christianisme ne pouvoient être bien connues que d'un petit nombre de Fideles, et que ceux qui ne faisoient que les entrevoir étoient exposés à des interprétations fausses et contradictoires.

C'est ce qui arriva sous Constantin, surnommé le Grand. Aussi à peine eut-il adopté le Christianisme, que les Conciles généraux commencerent, et ce temps peut être regardé comme la premiere époque de la décadence des vertus et des lumieres parmi les Chrétiens.

A l'exemple de Constantin, ses Successeurs desirant d'étendre le Christianisme, employerent les privileges et les graces, afin de lui procurer des Prosélytes. Mais ceux qu'ils devoient à de tels moyens, voyoient moins la Religion à laquelle on les appelloit, que les faveurs du Prince, et les attraits de l'ambition.

De leur côté, les Chefs spirituels eux-mêmes, pour s'attirer de nouveaux appuis, favoriserent les desirs et les passions des Princes ; et s'alliant chaque jour au temporel, ils s'éloignerent de plus en plus de leur pureté primitive : en sorte que les uns *christianisant* le civil et le politique, les autres *civilisant* le Christianisme, il se forma de ce mélange un monstre, dont chacun des membres étant sans aucun rapport, il n'en put résulter que des effets discordans.

Les Sophistes des différentes Ecoles, qui furent admis au Christianisme, augmenterent encore le désordre, en mêlant à cette Religion simple et sublime, une foule de questions vaines et abstraites, qui au lieu de l'union et des lumieres, ne produisirent que la division et les ténebres. Les Temples du Dieu de paix furent convertis en Ecoles scientifiques, où les différens Partis disputerent avec plus de violence que ne l'avoient fait les Philosophes sous les portiques d'Athenes et de Rome. Leurs disputes

étoient

étoient d'autant plus dangereuses qu'elles nui-
soient aux choses à cause des mots ; car le grand
nombre ne savoit pas que la *vraie science* a une
langue qui lui est particuliere, et qu'elle ne peut
s'exprimer avec évidence que par ses propres
caracteres, et par des *emblêmes ineffables*.

Dans cette confusion, la clef de la science
ne cessa pas d'être à la portée des Ministres des
Autels, comme dans un *centre d'unité* qu'elle
ne doit jamais abandonner : mais la plupart
d'entr'eux ne s'en servoient point pour pénétrer
dans le Sanctuaire ; ils empêchoient même
l'homme de desir d'en approcher, de peur qu'il
n'apperçût leur ignorance ; et ils défendoient de
chercher à connoître les mysteres du Royaume
de Dieu, quoique selon les Traditions mêmes
des Chrétiens, *le Royaume de Dieu soit dans le
cœur de l'homme*, et que dans tous les temps la
Sagesse l'ait pressé d'étudier son cœur.

Ceux des Chefs spirituels qui se préserverent
de la corruption, gémissant sur les égaremens
de la multitude, s'efforçoient par l'enseignement et l'exemple, de conserver chez les hommes
le zele, les *vertus*, et l'amour de la vérité. Mais
ce fut envain qu'ils s'éleverent contre les abus :
le monstre qui avoit déja reçu la naissance,
étoit trop favorable aux desirs ambitieux de ses
Partisans, pour qu'ils ne prissent pas soin de

(N 2)   le

le fortifier. Jeune encore sous les premiers Empereurs Grecs, quoiqu'il annonçât déja sa fierté, il ne porta pendant quelques siecles que des coups foibles et peu éclatans; telles furent les légeres entreprises de Symmaque contre l'Empereur Anastase. Mais ayant atteint l'âge où il pouvoit déployer sa férocité, les premiers Empereurs François lui en faciliterent les moyens. Le pere de Charlemagne avoit vu le Pape à ses pieds, pour le supplier de le défendre contre les Lombards, et d'avance, le Prince avoit reçu le Sacre de sa main, en récompense des services qu'il alloit lui rendre. Ce commerce bizarre ne tarda pas d'avoir les suites les plus étranges. Ceux qui d'abord n'avoient fait que joindre une cérémonie pieuse, aux droits politiques d'un Souverain, prétendirent bientôt lui avoir donné ces mêmes droits, bientôt en être les dépositaires, bientôt enfin pouvoir, quand il leur plairoit, les retirer à ceux à qui ils se persuadoient de les avoir donnés.

Aussi le Fils de ce Charlemagne, dont le Pere avoit vu le Pape à ses pieds, non seulement fut aux pieds du Pape, mais fut même, au milieu d'une assemblée de ses propres Sujets, déposé par l'Evêque Ebbon. Seconde époque, dans laquelle les égaremens vinrent de la part des Chefs spirituels.

Dès que ce torrent eut rompu ses digues, il n'est

n'est point de désordres qu'on n'en vît naître ;
l'ambition et le despotisme se couvrant alors du
voile de la Religion, firent couler plus de sang
en dix siecles que les hordes des Barbares n'en
avoient répandu depuis la naissance du Christianisme ; et pour frémir d'horreur, il ne faut qu'ouvrir l'histoire des Comnene à Constantinople,
des Philippe en France, des Frederic en Allema-
gne, des Suinthila en Espagne, des Henri et des
Edouard en Angleterre. Cependant le moment
arriva où les yeux devoient commencer à s'ouvrir.

Quand les Chefs du Christianisme se furent
confondus avec le Temple et le Tabernacle,
tandis qu'ils n'en devoient être que les colonnes ;
quand ils voulurent sanctifier leur ignorance ;
quand ils eurent porté l'extravagance jusqu'à lan-
cer des décrets qui défendoient aux Souverains
anathématisés de remporter des victoires, et jusqu'à interdire aux Anges par les mêmes décrets
de recevoir les ames de ceux qu'ils avoient pros-
crits ; quand enfin il s'éleva plusieurs prétendans
à la Thiarre, qu'on les vit s'anathématiser réciproquement et se livrer des batailles sanglantes
jusques dans les Temples des Chrétiens ; les Peuples étonnés se demanderent si ces têtes pouvoient encore être sacrées, étant couvertes d'ana-
thêmes, et ils se permirent de laisser reposer leur
enthousiasme pour y substituer la réflexion.

(N 3)

Mais

Mais dans ces temps malheureux où le sacré et le prophane étoient confondus, où la dispute étoit la seule science du Christianisme public, où les Clercs n'étoient jugés dignes des fonctions de l'Autel, qu'après avoir passé par les frivoles épreuves d'une scholastique barbare, les réflexions des Peuples pouvoient elles être susceptibles de justesse et de maturité?

Ces hommes grossiers, voyant les désordres de ceux qui professoient les dogmes sacrés, ne se contenterent pas de douter des Maîtres, ils porterent l'imprudence jusqu'à suspecter les dogmes mêmes, et à force de les considérer dans cet esprit de défiance, ils crurent y voir des difficultés insolubles. Troisieme époque, dans laquelle les égaremens vinrent de la part des membres.

De-là les différentes Sectes qu'on a vu naître, depuis trois ou quatre siecles, dans le sein du Christianisme; lesquelles à leur tour servant de prétexte à l'ambition, en ont été mutuellement les instrumens et les victimes.

Mais des malheurs d'un autre genre se sont mêlés à ces erreurs, d'autant qu'on a vu à la fois, la *croyance des choses vraies*, et la *crédulité criminelle* confondues, et proscrites par des sentences barbares, ce qui a enhardi les *Ouvriers mauvais*, et fait taire de plus en plus les *Ouvriers légitimes*.

Alors ceux des Chefs spirituels qui avoient

conservé

conservé le dépôt dans sa pureté, n'auroient pas été entendus, s'ils avoient voulu diriger la pensée de l'homme vers la hauteur de ce *Sacerdoce ineffable* qui l'approche de la Divinité; et s'ils eussent voulu l'engager à la recherche des *sciences Divines* en repliant son action sur lui-même, et en se dépouillant de tout ce qui est étranger à son Être pour se présenter tout entier avec un desir pur aux rayons de l'intelligence.

Aussi les Controverses passionnées et sanglantes des derniers siecles n'ont-elles produit que des systémes absurdes, et des opinions plus hardies encore que celles qui avoient déja égaré les hommes depuis la naissance du Christianisme. Car les Observateurs revoltés de la diversité et de l'opposition des idées sur les Dogmes les plus essentiels, attaquerent la base même de l'Institution chrétienne, et ne tarderent pas à la rejetter, l'ayant confondue avec l'édifice monstrueux que l'orgueil et l'ignorance avoient elevé dans son sein.

Que devoit-on attendre d'eux, après qu'ils eurent porté ce coup à la seule Religion qui ait présenté aux hommes le caractere frappant de s'être répandue, sans avoir jamais plié devant les Peuples conquerans; d'avoir vaincu non des Nations grossieres et barbares, comme on l'a vu de la Religion de Mahomet, mais des Nations sça-

(N 4)

vantes

vantes et policées ; de les avoir vaincues , non par les armes , mais par les seuls charmes de sa douce Philosophie.

Des Observateurs qui avoient ainsi méconnu la base du Christianisme, ne pouvoient pas porter un jugement plus favorable des autres Religions ; en sorte que n'appercevant plus aucun lien entre l'homme et son Principe invisible, ils l'en crurent tellement séparé que nulle Institution religieuse ne pouvoit l'en rapprocher. Quatrieme époque de dégradation, dans laquelle l'homme devenant Déiste, ne s'est trouvé qu'à un pas de sa ruine.

Les progrès de l'erreur ne se sont point arrêtés là ; il s'est présenté de nouveaux Observateurs qui pour se tirer de la confusion que le Déisme avoit répandue sur les sciences religieuses, ont enseigné des opinions encore plus destructives.

Non seulement ils ont dit que les Instituteurs du Christianisme et de toutes les Religions étoient ignorans, trompeurs, ennemis même de la morale qu'ils professoient ; que leurs Dogmes étoient nuls et contradictoires , dès qu'ils étoient contredits ; enfin que la base sur laquelle ces Dogmes s'appuyoient, étoit imaginaire, et que par conséquent l'homme n'avoit aucun rapport avec des *vertus* supérieures ; mais ils ont été jusqu'à douter

de

de sa nature immatérielle. Ils ont accompli par-
là cette menace faite aux Hébreux, que s'ils
négligeoient leur loi, ils finiroient par tomber
dans un tel degré de misere et d'abandon, *qu'ils
ne croiroient plus à leur propre vie.*

Enfin ils ont été conduits par-là à nier l'existence même du Principe de toutes les existences,
puisque nier la nature immatérielle d'une production telle que l'homme, c'est nier la nature
immatérielle de son Principe générateur. Cinquieme et derniere époque de dégradation, où
l'homme n'étant plus que ténebres, est au dessous
de l'insecte même.

C'est de ce systeme funeste que sont provenus
tous les déraisonnemens philosophiques qui ont
régné dans ces derniers temps. Les premieres
postérités avoient péché par *l'action*, en voulant
égaler Dieu par leurs propres *vertus*; les dernieres pechent par *nullité*, en croyant qu'il n'y
a dans l'homme ni *action*, ni *vertus*.

C'est de là qu'est venu le délire d'un Athée
moderne, qui écrivant contre la Divinité, a cru
en démontrer le néant, en ce que, selon lui, si
elle eût existé, elle auroit puni son audace.

Ne pouvoit-on pas lui répondre que la Divinité peut exister, et ne pas punir des attaques im-
puissantes? que l'on doit plutôt croire que vraiment il ne l'a pas attaquée? que de vains écrits

peuvent

peuvent ne point allumer les foudres de sa colere? enfin qu'il n'étoit pas *assez avancé* pour *élever sa voix* jusqu'à elle, ni *assez instruit* pour *proférer* contre elle de *véritables blasphêmes?*

Nous avons vu quelle a été, depuis le commencement du Christianisme, la progression du désordre dans lequel les disputes scientifiques ont entrainé les hommes, et celui qu'a produit la trop facile publicité de choses qui ne peuvent être bien conçues par la multitude, ni cesser d'être secretes sans qu'elles soient exposées à être mal comprises ou mal interpretées. Quelle est donc la route que l'esprit de l'homme doit prendre pour sortir de cet état désordonné et dévoué à l'incertitude? C'est celle qu'il découvriroit presque sans effort, s'il tournoit ses regards sur lui-même.

Une considération attentive de notre Etre, nous instruiroit sur la sublimité de notre origine, et sur notre dégradation; elle nous feroit reconnoître autour de nous et dans nous-mêmes, l'existence des vertus suprêmes de notre Principe; elle nous convaincroit qu'il a été nécessaire que ces *vertus* supérieures se présentassent à l'homme visiblement sur la terre, pour le rappeller aux sublimes fonctions qu'il avoit à remplir dans son origine; elles nous démontreroit la nécessité d'un culte, afin que la présence de

ces

ces *vertus* ne fût point sans efficacité pour nous.

Nous suivrions les traces de ces vérités dans toutes les Institutions religieuses ; et loin que la variété de ces Institutions dût nous faire douter de la base sur laquelle elles reposent, nous rectifierions par la connoissance de cette base, tout ce qu'elles peuvent avoir de défectueux ; c'est-à-dire, que nous rallierions dans notre pensée ces vérités éparses, mais impérissables, qui percent au travers de toutes les Doctrines et de toutes les Sectes de l'Univers.

Nous élevant ainsi de vérités en vérités, avec le secours d'une réflexion simple, juste et naturelle, nous remonterions jusqu'à la hauteur d'un type unique et universel, d'où nous dominerions avec lui sur tous les Agens particuliers intellectuels et physiques qui lui furent subordonnés, parce qu'étant le flambeau vivant de toutes les pensées et de toutes les actions des Etres réguliers, il peut répandre à la fois la même lumiere dans toutes les facultés de tous les hommes.

Et c'est là cette brillante lumiere que l'homme peut faire éclater en lui-même, parce qu'il est le mot de toutes les énigmes, la clef de toutes les Religions, et l'explication de tous les mysteres. Mais, oh homme ! lorsque tu seras arrivé à cet heureux terme, si tu es sage, tu garderas ta science dans ton cœur.

21.

LA Loi sensible et la subdivision universelle auxquelles les hommes ont été assujettis, les ayant soumis à une forme de matiere, la terre est trop étroite pour qu'ils puissent l'habiter tous ensemble ; et il a fallu qu'ils vinssent successivement y puiser les forces et les secours qui leur sont nécessaires pour traverser l'espace par lequel ils sont séparés de la source de toute lumiere.

Si l'homme doutoit encore de sa dégradation, il ne faudroit que cette seule preuve pour l'en convaincre, puisqu'il est impossible de concevoir rien de plus honteux et de plus triste pour des Etres pensans, que d'être dans un lieu où ils ne peuvent exister qu'avec un petit nombre de leurs *Concitoyens*; pendant que par leur nature, quelque nombreux qu'ils soient, ils sont faits pour habiter et agir tous ensemble.

Voilà pourquoi les hommes qui n'étoient pas nés, lors de la manifestation générale au milieu des temps, n'ont pu alors en recevoir les avantages effectifs et directs, comme ceux qui avoient déja

déja parcouru cette surface, ou qui l'habitoient
à cette époque. On peut dire même que l'*Agent
universel* s'étant soumis à la loi temporelle, et
apportant l'intelligence visiblement sur la terre,
n'a pu la manifester à la fois par ses actes dans
tous les lieux de notre habitation terrestre; que
s'il l'a fait en puissance dans toutes les parties
de cette terre, il ne l'a fait en acte que dans les
lieux qu'il a habités, ou peut-être dans *quelques autres contrées*, mais d'une maniere étrangere à la matiere, et en faveur de quelques Elus
destinés à concourir à son œuvre. Car la vertu
et les pouvoirs de ces *signes visibles* qui accom-
pagnent par-tout ici-bas les pensées, devoient
résider avec une entiere supériorité dans celui
qui produit toutes les pensées.

Aujourd'hui même, tous les hommes n'étant
point encore nés, la postérité humaine ne voit
point l'ensemble des faits de l'unité; elle ne voit
point en acte sur toute son espece, l'œuvre universelle de la Sagesse; ce grand œuvre, dont
l'objet est que tous les Etres aient à la fois devant les yeux les signes réels de l'infini, et que
les bornes du temps étant disparues, ils aient
tous, comme avant le crime, la preuve intuitive
que c'est le même Dieu qui conduit tout.

Ajoutons que l'Univers entier étant la prison
de l'homme, jamais l'espece humaine ne pourra

à la fois, sans que l'Univers matériel soit détruit, être témoin du grand spectacle de l'immensité dont elle est sortie.

Le cours de la vie de l'homme particulier vient à l'appui de cette vérité. A mesure que son Etre intellectuel s'éleve vers la lumiere, son corps s'affaisse et se replie sur lui-même, et l'on doit être convaincu que quand il a rassemblé en lui toutes les *vertus* que comporte sa région terrestre, sa forme corruptible ne peut plus exister avec lui ; comme certains fruits qui se séparent naturellement de leur enveloppe, quand ils ont acquis leur maturité ; en sorte que la vie de l'un est la mort de l'autre.

Par la même Loi, quand le nombre des hommes qui doivent exister matériellement sur la terre, sera complet, la forme universelle repliant son action, disparoîtra pour eux , et la plénitude de ce nombre temporel rendra inutile pour l'homme l'existence de l'Univers.

Enfin si les facultés de l'homme particulier ne peuvent jouir de l'universalité de leur propre action tant qu'il est lié aux moindres vestiges de sa matiere : s'il ne peut être vraiment libre tant qu'il est soumis aux influences des êtres contraires à sa nature ; s'il ne peut contempler l'ensemble de la Région sublime où il a pris naissance, tant que la moindre parcelle corruptible existe entre lui

et

et ces sublimes tableaux, il en est de même pour l'espece universelle de l'homme.

Or la terre, et toutes les grandes colonnes de l'Univers, recelent encore les rayons de ces *substances pures* qui ont été entraînées avec lui dans sa chûte. Il faut donc, si l'homme est destiné à se rapprocher d'elles, que tous les *décombres* disparoissent, pour que d'un côté les substances supérieures, et de l'autre les *vertus* de tous les hommes, formant comme deux faisceaux de lumiere, puissent s'animer réciproquement et manifester tout leur éclat.

On sait que les témoignages universels des Peuples s'accordent sur ce point. Tous regardent l'état violent de la Nature et de l'homme, comme la suite du désordre, et comme une préparation à un état plus calme et plus heureux. Tous attendent un terme aux souffrances générales de l'espece, comme la mort en met chaque jour aux souffrances corporelles des individus qui ont su garantir leur Etre de tout amalgame étranger. Enfin, il n'est pas un Peuple, et l'on pourroit dire pas un homme, rendu à lui-même, pour qui l'Univers temporel ne soit une grande *allégorie*, ou une grande *fable* qui doit faire place à une grande *moralité*.

La dissolution générale suivra les mêmes loix

loix que la dissolution des corps particuliers. Lorsque l'Univers sera dans la septieme Puissance de sa racine septénaire, tous les Principes de vie répandus dans la création, se rassembleront dans son centre, comme la chaleur des animaux mourans abandonne insensiblement toute la forme pour se réunir au cœur. Car on ne peut se dispenser d'admettre dans la Nature un centre igné, actif et vivant, puisque les moindres corps particuliers ont chacun un principe ou un centre de *vie* quelconque qui les fait exister.

Ce centre actif et universel étant adhérent à la terre, il est naturel de penser que c'est à elle que tous les autres centres se réuniront ; et quand les Traditions des Chrétiens nous font l'étrange prédiction qu'à la fin des temps, *les Etoiles tomberont sur la terre*, elles ne parlent que de la réunion de ces différens centres avec le centre universel : ce qui ne doit plus être difficile à comprendre, puisque les étoiles ne pourront tomber sur la terre qu'en laissant évanouir leur forme ; comme les différentes parties de nos corps se dissolvent et disparoissent à mesure que leurs principes secondaires se réunissent à leur Principe générateur.

Une seule différence se fait remarquer entre la mort des corps particuliers et la mort de l'Univers : c'est que les individus corporels n'étant que des faits seconds , subissent des loix secondes après leur mort , qui sont la putréfaction , la dissolution , et la réintégration. Au lieu que l'Univers étant un fait premier dans l'ordre corporel , n'a besoin que d'une seule loi pour compléter le cours de son existence. Sa naissance et sa formation ont été l'effet de la même opération , il en sera ainsi de sa mort et de sa disparition totale. Enfin , si pour que l'Univers fût , il a suffi que l'Eternel ait *parlé* ; il suffira que l'Eternel *parle* , pour que l'Univers ne soit plus.

Qu'on se rappelle ici qu'à l'image du grand Etre , l'homme emploie les mêmes moyens et les mêmes facultés pour donner l'existence à ses ouvrages matériels que pour les détruire.

Avant cette disparition finale , il y aura des maladies dans la Nature universelle , comme la diminution de la chaleur en occasionne dans les corps particuliers avant qu'ils cessent totalement leur action. Les vertus *ternaires* des élémens qui servent de colonnes à l'Univers , se suspendront, comme la force et l'activité nous abandonnent , lorsque nous approchons naturellement de notre fin. Et tel est le sens des Traditions des Chrétiens , lorsqu'elles nous présentent tous les fléaux ternaires se manifestant à la *voix* des *sept Agens* supérieurs ; c'est-à-dire , quand ces sept Agens remettront au grand Etre , les droits et les *vertus*

<table><tr><td>*II. Partie.*</td><td>(O)</td><td>dont</td></tr></table>

dont il les avoit remplis pour l'accomplissement de ses desseins dans l'Univers.

Tel est, dis-je, le sens de ces Traditions, lorsqu'elles nous offrent aux différens termes de cette époque septénaire, l'altération, l'incendie, la destruction de la troisieme partie de la terre, des arbres, de l'herbe verte; de la troisieme partie de la mer, des poissons, des vaisseaux, des fleuves et des fontaines; de la troisieme partie du Soleil, de la Lune et des Etoiles; de la troisieme partie des hommes; lorsqu'elles nous parlent de la naissance de nouveaux animaux, s'élevant du sein de la terre sur sa surface pour en tourmenter les Habitans, comme des vers et des insectes dégoûtans sortent quelquefois de la chair de l'homme, et le dévorent avant son terme; lorsqu'elles nous parlent du changement de couleur dans les astres, de la transposition des isles et des montagnes; enfin, lorsqu'elles nous peignent la combustion de tous les élémens, pour nous retracer à la fin des temps les *désordres* qui les ont fait commencer.

Mais l'homme avancé en âge non seulement éprouve du dépérissement dans son corps, il en éprouve encore dans son intelligence, s'il n'a pas eu soin de mettre à profit les secours qui lui ont été offerts dans les différentes époques de sa vie,

vie, et de coopérer au développement de ses facultés, qui sont destinées à une croissance continuelle : son esprit se trouve alors dans une double privation, ne jouissant ni des trésors de la Sagesse, qu'il n'a pas su acquérir, ni de l'activité de sa jeunesse, dont l'époque est passée pour lui.

Tel est aussi le sort de l'homme général : les secours envoyés aux hommes, ont été en croissant depuis l'origine des choses jusqu'au milieu des temps, quoique l'usage qu'ils en ont fait, n'ait pas été dans la même proportion.

Ces secours croissent également depuis le milieu des temps, parce qu'ils ont ouvert alors le sentier de l'infini ; mais comme ils se simplifient de plus en plus, et deviennent plus intellectuels, ils seroient imperceptibles et inutiles pour la postérité humaine, si elle ne suivoit pas la même progression, en sorte qu'elle pourroit en venir à perdre de vue, même les fruits inférieurs que ces secours avoient commencé de lui procurer.

Peignons-nous donc les postérités futures accablées par les désordres des causes physiques, et par ceux qu'elles auront laissé dominer dans leur Etre intellectuel. Peignons-nous les hommes des temps à venir, perdant l'espérance de se voir renaître, et condamnés à la stérilité dès qu'ils toucheront au complément du nombre temporel des hommes. Peignons-nous-les d'autant plus effrayés de cette stérilité qui leur présentera l'image importune du néant, qu'ils seront plus tourmentés par les *actions corrosives*, lesquelles ils verront alors s'accumuler sur eux, parce qu'il y aura moins d'individus sur qui elles puissent se partager.

Peignons-nous ces hommes exposés aux effroyables convulsions de la Nature, et n'ayant acquis dans leur intelligence, ni les lumieres, ni les forces suffisantes pour s'en défendre, ni la résignation pour se soumettre à celles qui seront inévitables.

Voyons-les tellement éloignés de leurs *appuis*, qu'ils n'en pourront plus entendre la voix ; et néanmoins cherchant encore ces *appuis* par le besoin irrésistible de leur nature. Ce sera-là cette faim et cette soif qui, selon les Prophêtes, *doivent être envoyées sur la terre, non la faim du pain, ni la soif de l'eau ; mais la faim et la soif de la parole* : desir d'autant plus douloureux, que selon les mêmes Prophêtes, les hommes *circuleront par-tout pour chercher cette parole, et ne la trouveront point.*

Représentons-nous enfin ces hommes maudissant peut-être le Dieu suprême, tandis qu'il ne cessera de leur tendre la main pour les aider à passer sans accident sur le *puits de l'abyme.* Car

cette

cette main bienfaisante qui n'a jamais retenu ses dons pour les enfans de l'homme, les retiendra bien moins encore dans un temps où leurs besoins seront extrêmes.

Pour comble d'affliction, les hommes de ces temps futurs appercevront à découvert le tableau des siecles, comme l'homme particulier approchant de sa fin, voit ordinairement se tracer devant lui, par des traits rapides et vifs, tout le cercle de sa vie passée. Ces malheureux hommes seront déchirés de douleur, en comparant dans ce tableau des siecles, l'immense et inépuisable abondance des *biens* dont la terre n'a cessé d'être comblée, avec l'horrible prostitution que la postérité de l'homme en a faite dans tous les temps : ils y verront rassemblés, d'un côté, les nombreux trésors de *vertus* qui ont été depuis l'origine des choses envoyées au secours de l'homme, et qui sont toujours à sa portée; de l'autre, il aura devant les yeux les *fruits* impurs de l'*iniquité*, qui se sont également accumulés dans le creuset du monde, et qui en ont retardé l'épurement pour un si grand nombre de ceux qui l'ont habité.

Au milieu de ces désordres, peignons-nous des hommes ignorans, *impurs*, imposteurs, cherchant à éteindre dans leurs semblables, les derniers rayons de la lumiere naturelle qui nous éclaire tous, et tâchant de se substituer dans

(O 3)

leur

leur esprit, au véritable et unique appui dont les hommes puissent attendre des secours. Peignons-nous enfin ces temps futurs infectés des poisons d'une doctrine de *mort* qui éloignera les hommes de leur but au lieu de les en rapprocher. Car ce qui rendra ces aveugles Maîtres si dangereux, c'est que l'*homme criminel* étant alors plus *développé* qu'il ne l'est encore, il attaquera les hommes avec des *faits*, au lieu que jusqu'à présent, on ne les a presque attaqués que par des discours.

Si la postérité humaine a si peu profité des secours qui l'ont environnée, si elle n'a fait que substituer les ténebres à la lumiere, comment résistera-t-elle à de semblables Adversaires ? On ne voit plus là qu'un affreux abyme dont l'obscurité et l'horreur ne peuvent aller qu'en augmentant, jusqu'à ce que n'y ayant plus aucun lien visible ni invisible entre l'Univers corrompu et le Créateur, la dissolution générale du Monde vienne terminer à la fois et les erreurs et les iniquités des hommes.

La Loi même donnée au milieu des temps n'a point anéanti le germe de ces désordres que les hommes sont toujours maîtres de produire et de multiplier. L'*Elu universel* n'a été chargé pendant sa manifestation temporelle, que d'ap-

porter

porter cette Loi aux hommes et de la leur expliquer, mais non pas de l'exécuter sans le concours de leur volonté.

Il lui suffisoit donc de leur donner une idée juste de la *science Divine*, et de leur apprendre que cette science n'est autre chose que celle des *loix* employées par la Sagesse suprême, pour procurer aux Etres libres, les moyens de rentrer dans sa lumiere et dans son unité. Cette connoissance une fois donnée aux hommes, les temps leur ont été accordés, non pour l'oublier et la profaner, mais pour la méditer et la mettre à profit.

Quand ces temps seront écoulés; quand, selon l'expression des Prophetes, *les siecles seront rentrés dans leur antique silence*, et que les *Astres* ayant rassemblé leur *sept actions* en une seule, leur lumiere sera devenue *sept fois* plus éclatante : alors à la faveur de leur clarté, l'intelligence de l'homme découvrira les *productions* qu'elle aura laissé germer en elle-même; alors elle se nourrira des propres *fruits* qu'elle aura semés.

Malheur a elle, si ces fruits sont sauvages, corrompus ou malfaisans : car n'ayant point alors d'autre nourriture, elle sera forcée de s'en alimenter encore, et d'en éprouver la continuelle amertume : car les substances fausses et impures, engendrées en elle par ses désordres, ne pouvant entrer dans la réintégration, il n'y aura

 que

que la violente opération d'un *feu actif*, qui
ait assez de force pour les dissoudre.

Malheur à l'intelligence, si elle a versé le sang
des Prophetes; non pas seulement qu'elle ait
contribué à la destruction corporelle de ceux
qui ont porté ce nom sur la terre, mais bien plus
encore, si elle a repoussé ces *notions intimes*, ces
Actions vivantes que la Sagesse lui communiquoit
à chaque instant; lesquelles n'ayant pour but que
de présenter la vérité à l'homme, afin qu'il
puisse la voir comme elles la voient elles-mêmes, deviennent pour lui de véritables Prophetes dont le *sang* lui sera redemandé avec une
rigueur inflexible, s'il a été assez coupable pour
l'avoir répandu lui-même, assez négligent pour
le laisser *couler* sans profit; assez dépravé pour
en arrêter l'influence sur ses semblables!

Malheur à l'intelligence, si ne devant agir que
de concert avec son Principe, elle a cependant
voulu agir sans lui; parce qu'après la dissolution
de ses liens corporels, elle sera réduite encore à
agir sans ce Principe, ainsi qu'elle aura fait dans
le cours de sa vie terrestre!

Car telle sera la différence extrême entre
notre état actuel de vie corporelle, et celui qui
le doit suivre, lequel n'est encore sensible qu'à
notre pensée. Nous ne connoissons pour ainsi dire
ici-bas que par nos desirs, l'action vivante et
                              intellectuelle

intellectuelle qui nous est propre; parce que pendant notre séjour dans la matiere, les moyens les plus efficaces de cette action nous sont refusés: mais au sortir de cette matiere, lorsque pendant notre vie corporelle nous avons conservé la pureté de nos affections, ces moyens efficaces nous environnent et nous sont prodigués sans mesure; et des jouissances inconnues à l'homme terrestre le dédommagent amplement des privations qu'il a supportées.

Or l'homme perd à la mort tous les objets, tous les moyens, tous les organes qui servoient d'aliment et de canal au crime: et si pendant sa vie corporelle, il a nourri dans lui des penchans faux et des habitudes d'erreur, il ne lui reste, lorsqu'il est séparé de son enveloppe, que le désordre de ses goûts et de ses desirs corrompus, avec l'horreur de ne pouvoir plus les accomplir.

Ainsi donc la situation future de l'Impie sera d'autant plus affreuse que l'enveloppe matérielle qui nous cache aujourd'hui la lumiere étant dissoute, il verra le *flambeau vivant* de la vérité sans pouvoir s'en approcher; et ceci a été prédit d'avance dans l'Univers temporel, par les *satellites* de *Saturne*, qui, circulant autour de l'anneau dont cet astre occupe le centre, ne peuvent pénétrer dans son enceinte.

Nous

Nous en avons encore un tableau sensible dans plusieurs substances élémentaires. Lorsqu'elles ont subi les différentes opérations du feu, elles se vitrifient, et acquierent une transparence qui nous laisse appercevoir la lumiere dont elles nous tenoient auparavant séparés. De même après les différentes *actions* des Etres destinés à accomplir les desseins du Créateur dans l'Univers, ils se dégageront par les *vertus* d'un *Feu* supérieur, de toutes les substances de leur Loi temporelle, lesquelles ne sont qu'impuretés relativement au premier état dans lequel ils ne devoient jamais cesser d'être. Alors ils prendront une clarté vive; ils formeront autour de l'Impie, une barriere lumineuse au travers de laquelle sa vue intellectuelle pourra pénétrer; mais que lui-même ne pourra jamais franchir tant que sa volonté demeurera impure, et qu'il n'aura pas vomi jusqu'à la derniere goutte, le breuvage d'iniquité dont il aura été forcé d'éprouver toute l'amertume et l'horreur pendant la durée des siecles.

C'est-là que se trouvera le complément d'*un temps*, *des temps*, *et de la moitié d'un temps*. Car après l'enfantement universel, il y aura un *délivre* comme dans les enfantemens particuliers; et c'est le *demi-temps* de *Daniel*.

Or d'après l'idée que nous avons donnée de la volonté, il est impossible de fixer d'autre terme

terme à cette privation, ou à ce *demi-temps*, que celui que l'Impie se sera fixé lui-même ; car comment nombrer alors la durée de ses actes ? Il faudroit qu'ils pussent se comparer avec le temps, et la *mesure* du temps sera brisée.

Mais parce que l'Impie sera près de la lumiere, et qu'il ne pourra pas en jouir ; ses pâtimens seront inconcevables. Il connoîtra ces pleurs et ces grincemens de dents auxquels il a été fait allusion dans l'ouvrage déja cité, par le nombre *cinquante-six* ; attendu que cette expression représente à la fois, et le Principe de l'idolâtrie, et la borne qui le séparera du séjour de la perfection.

Etant donc exclus de l'ordre et de la pureté, l'horreur et le désespoir seront sa vie ; la fureur et la rage ses seules affections, jusqu'à ce qu'étant réduit à déchirer ses *flancs* pour se *nourrir*, et à *étancher sa soif* dans son propre *sang*, il dévore lui-même la corruption dont il s'est infecté, et qu'il en fasse passer la source toute entiere par les *ardeurs de son propre feu.*

Si au contraire l'homme n'a reçu et n'a cultivé en lui que des *germes* salutaires et analogues à sa vraie nature ; s'il a été assez heureux pour arroser quelquefois de ses larmes cette *plante fertile* que nous renfermons tous en nousmême ;

mêmes ; s'il a compris qu'il devoit porter comme tous les Etres, les signes caractéristiques de son Principe, et que nul autre que le premier de tous les Principes ne pouvoit lui avoir donné l'existence ; s'il a desiré de ressembler à ce Principe, en se conformant à ses *images* envoyées dans le temps ; s'il a essayé de le faire connoître à ses semblables, en les aimant comme il les aime, en tolérant leurs égaremens comme il les tolere, en se transportant par la pensée jusques dans ces temps de calme et d'unité où les désordres ne l'affecteront plus ; enfin, s'il a tâché de traverser cette ténebreuse demeure, sans faire alliance avec les *illusions* qui la composent ; n'ayant pris dans ce passage laborieux, que ce qui pouvoit *étendre* sa propre nature et non la défigurer ; alors il cueillera des fruits dont le *goût*, la *couleur* et le *parfum* flatteront les sens intellectuels de son Etre, en même temps qu'ils en vivifieront continuellement toutes les facultés. Rien ne le séparera de ces spheres supérieures dont les spheres visibles ne sont que d'imparfaites images, et dont le mouvement dirigé selon des rapports inaltérables enfante la plus sublime harmonie, et transmet les accords Divins à l'universalité des Etres.

« Là, comme les Anges dans le Ciel, il ne sera pas marqué du nombre de réprobation exprimé aujourd'hui

aujourd'hui par la différence des sexes ; parce
que le *Principe animal*, celui dont l'action génératrice et constitutive porte spécialement sur
la production des sexes, sera retourné vers sa
source, et n'agira plus matériellement. Il y aura
cependant des corps, mais comme ces corps
seront animés par une action plus vivante que
celle de la matiere, ils n'auront de caracterisées
que les parties de notre forme qui servent de
siege à l'esprit, et qui le manifestent, ou celles
qui peuvent être employées à l'*exercice pur* de ses
fonctions ».

Toutes les sciences, toutes les *vertus* des
Agens que la Sagesse Divine a préposés pour
le soutien et l'instruction de l'homme, depuis
l'origine du désordre, deviendront son partage :
il aura leur force, leur zele pour le regne de la
vérité, leur intelligence pour la comprendre, et
leur pureté pour en jouir.

Ayant laissé loin de lui les allégories et les
emblêmes, il reconnoitra intuitivement ces
mêmes *vertus* que la charité a détaché de leur
Principe pour venir guider et soutenir l'homme
jusques dans le lieu de sa laborieuse expiation.
Elles jouiront en lui du fruit de leurs travaux :
il jouira en elles de ce plaisir inexprimable de
pouvoir toucher et bénir des mains bienfaisantes.
Comme ils seront dégagés les uns et les autres,
de

de ces sollicitudes et de ces actes douloureux, auxquels la Loi du temps les assujettit encore, ils porteront avec sécurité leurs *yeux* pleins de joie et d'attendrissement vers la source dont ils auront reçu toutes leurs jouissances; et se revêtant de la simplicité de leur *premier caractere*, ils auront droit de *porter la main* à l'encensoir, et d'offrir chacun selon leur *mesure* et leur *nombre*, des *parfums* purs et volontaires à celui qui leur aura fait goûter la paix *sacrée* et les *virtuelles* delices de la vérité.

On sait que les témoignages universels des Peuples s'accordent sur cette Doctrine consolante. Si tous les Peuples ont leur *Minos*, si tous ont l'idée de son redoutable Tribunal, et celle du *Tartare* où les hommes coupables passeront des jours d'horreur et de ténebres; ils ont aussi celle de ces champs fortunés où les Etres vertueux et paisibles, jouiront sans trouble et sans allarmes, du fruit des heureux dons qu'ils auront répandus sur la terre.

L'homme pur pourra donc alors recouvrer l'accès de ce *Temple impérissable* dont il devoit publier les merveilles, et dont le crime l'a fait bannir. Il approchera de l'*Arche sainte*, sans craindre d'en être renversé, parce que plus puissante que celle dont les Traditions des Hébreux nous ont parlé, elle ne laissera entrer

dans

dans son enceinte que ceux qu'elle aura purifiés.

Là, aucun Etre ne sera exposé à la punition d'Oza, parce que cette *Arche sainte* est le dépôt de la clémence et de la vie ; et comme elle est à la fois le *centre*, le *germe*, et la *source* de toutes les *Puissances*, il sera à jamais de toute impossibilité que l'homme se voie admis à son culte, sans qu'elle-même lui ouvre son Sanctuaire.

Le Grand-Prêtre de la Loi antérieure au temps, le même qui a présidé invisiblement aux Cultes de tous les Peuples de la terre, puisqu'il n'en est aucun qui n'annonce des traces de la vérité ; le même qui a dû présenter aux hommes, au milieu des temps, le tableau de leur Etre, et la réunion de toutes les *vertus* Divines que le crime avoit fait subdiviser pour nous, sera aussi celui qui présidera à ce culte futur et postérieur au temps, puisqu'étant le seul Agent universel de la Sagesse suprême, il peut seul distribuer l'universalité des graces qu'elle destine à tous ses enfans.

Il habitera donc au milieu des Lévites choisis, qui comme lui ayant vaincu la corruption, seront jugés dignes de remplir dans le Temple les fonctions saintes. Là, il les verra apporter sans relâche autour de lui, les offrandes de leurs louanges et de leur amour ; et versant lui-même

sur

sur ces offrandes son *onction vivifiante*, il en fera exhaler des parfums odorans et *nombreux*, qui répandront la sainteté dans toute l'étendue de cette auguste enceinte.

Ces parfums se succedant avec une abondance intarissable, s'éléveront jusqu'à la source premiere de toute vie et de toute intelligence ; et cette source inépuisable, toujours pénétrée par leur activité, s'entr'ouvrira toujours, pour laisser avec la même abondance et la même continuité, découler jusques dans l'ame des hommes, les douceurs de sa propre existence. Ainsi l'homme pourra se nourrir à jamais de la *vie* de son modele ; ainsi le grand Etre pourra se contempler éternellement dans son image, parce qu'en la régénérant sans cesse lui-même, il lui donnera par-là, le droit sublime d'être le signe ineffaçable de son Principe.

Enfin chacun des hommes jouira, non seulement du don qui lui sera propre, mais il pourra encore participer à ceux de tous les Elus qui composeront l'*assemblée* des *Sages* ; comme ici bas les différens hommes en se rapprochant, pourroient multiplier réciproquement leurs *vertus*, se nourrir chacun de celles qui brillent dans leurs semblables, répandre dans tous le *talent* d'un seul, faire germer dans un seul les *talens* de tous : et tel sera l'état futur de cette communication

nication mutuelle, par laquelle tous les hommes
unissant leurs jouissances à celles du grand Etre
et de toutes ses productions, feront que tous les
individus vivront dans le même Etre, et le même
Etre dans tous les individus.

Ce culte futur ne ressemblera donc point à
ces sacrifices rigoureux et sanguinaires, qui sont
rapportés dans les Livres Hébreux pour faire
connoître sensiblement à l'homme la sévérité de
la justice, et pour lui rappeller la *séparation* pénible qu'il est continuellement obligé de faire
ici bas de toutes les *substances étrangeres* à sa
vraie Nature, s'il ne veut pas rester dans l'illusion et la mort.

Ce culte sera même supérieur au culte temporel, à cette Loi de grace établie par le Régénérateur universel, où il doit y avoir encore des
temps, des intervalles, des objets mixtes et passagers : car alors il n'y aura plus de *différentes
saisons*, plus de *levant*, plus de *couchant* pous
les *Astres* qui nous éclaireront; plus de passa-
ges de la lumiere aux ténebres; plus de momens
marqués pour la *priere* de l'homme, ni de momens auxquels ses besoins ou ses souillures l'o-
bligent de la suspendre.

Ceux qui seront admis aux sacrifices, ne seront
pas même gênés par la diversité de leur langage, l'ordre universel étant lié à l'uniformité

II. Partie. (P) de

de toutes les langues, et le Principe suprême étant si majestueux qu'il ne faut rien moins que la réunion des *voix* de tous les Etres pour le célebrer.

Ainsi donc tous les Sages ensemble, au même instant, près du même Autel, et sans jamais cesser, pourront lire sans trouble et sans défiance dans le *Livre éternel* toujours ouvert devant leurs yeux, LES NOMS SACRÉS QUI FONT COULER LA VIE DANS TOUS LES ETRES..........!

22.

Hommes de paix , hommes de desir , telle est la splendeur du Temple dans lequel vous aurez droit un jour de prendre place. Un tel privilege doit d'autant moins vous étonner qu'ici-bas vous pouvez poser les *fondemens* de ce Temple , que vous pouvez commencer à l'*élever* , que vous pouvez même l'*orner* à tous les instans de votre existence.

La nature entiere vous en offre l'exemple : lorsque les végétaux sont semés dans la terre , lorsque les animaux sont dans le sein de leur mere , tous travaillent et emploient continuellement leur action à changer leur état grossier et informe, en une maniere d'être active , libre , et rapprochée de la perfection qui leur est propre.

Mais pour avoir droit à cette sublime attente , sondez souvent votre Être , afin de vous assurer qu'il ne respire que pour le regne de la vérité et non pour le vôtre : c'est-là cette boussole du Sage , ce pacte qu'il doit faire sans cesse avec lui-même. Conservez toujours une assez noble

(P 2) idée

idée du Principe qui vous anime, pour croire qu'après celui qui vous a donné l'existence, il n'est rien pour vous de si respectable que vous-même. Ce sera un rempart qui vous défendra des approches, non seulement de tout ce qui est opposé à votre nature, mais encore de tout ce qui n'en est pas digne, et qui n'a pas des rapports vrais avec vous.

Les hommes étant l'expression des facultés du grand Principe, chacun d'eux est marqué plus spécialement par l'une de ces facultés; mais quoi-qu'il doive plus naturellement manifester les pro-priétés qui y sont analogues; quoique tous soient assujettis à éprouver ici-bas des lenteurs, à par-courir différentes progressions et différens degrés dans l'acquisition et le développement du don qui leur est propre; néanmoins, tenant par leur essence au Principe universel des Êtres, ils ont tous des rapports avec l'universalité de ses *vertus* et de sa lumiere, mais d'une maniere proportionnée à la sphere qu'ils habitent, et à l'infériorité de la pro-duction relativement à son Principe générateur.

Dès-lors si l'homme parvenu à l'âge mur est encore étranger à quelque science, à quelque lumiere, s'il est inaccessible à quelque *jouis-sance* pure, honnête, naturelle et vraie, ce n'est pas un homme complet; car la *connoissance* et le bonheur ne sont autre chose que l'applica-

tion,

tion de l'usage *actif et vivant des vertus* suprêmes, aux différens objets, aux différentes classes, aux différentes situations où il peut se trouver. Ainsi *l'homme malheureux* est comme mort, puisqu'il ne connoît pas la *vie*; *l'homme ignorant* est un malade et un infirme qui n'est devenu tel que pour n'avoir pas exercé ses forces; enfin *l'homme misantrope et sans charité* est un lâche et un impie, puisqu'il ne fait pas usage *de ce qui est en lui* pour vivifier ce qui lui répugne, et qu'il n'a pas assez de confiance en son Principe pour croire que ce Principe en ait la force quand il l'appellera à son secours.

Oh! hommes, j'essayerai de vous présenter ici quelques moyens préservatifs, pour vous garantir de ces écarts et des malheurs qui en sont la suite.

Souvenez-vous que, selon l'enseignement des Sages, les choses qui sont en haut sont semblables à celles qui sont en bas; et concevez que vous pouvez concourir vous-même à cette ressemblance, en faisant en sorte que les choses qui sont en bas soient comme celles qui sont en haut. Là on est simple et pur comme le Principe qui a tout en lui. Là regnent l'ardeur et le zele pour que *les Loix du Temple* soient intactes et à jamais honorées de la vénération des Êtres. Là enfin, des

vœux et des desirs brûlans ne cessent de s'exhaler devant le Trône de l'ÉTERNEL , soit pour
implorer sa clémence envers les malheureux prévaricateurs , soit pour célébrer ses *vertus* et ses
bienfaits. Apprenez donc dans ces actes sublimes ,
le *ministere* qui vous est confié : les Agens qui
les exercent ne font que vous tracer vos obliga-
tions , et vous n'auriez pas la *faculté de lire* en
eux , si vous n'aviez celle de les imiter.

« Ne négligez pas les secours de la terre sur
laquelle vous marchez , elle est la vraie corne
d'abondance pour votre état actuel ; et ce n'est pas
sans raison qu'elle est regardée par quelques observateurs , comme contenant un *aiman* énorme
dans son sein ; car elle est en effet le point de
ralliement de toutes les *vertus* créées. Elle est même en quelque sorte , le réservoir de la vraie fon-
taine de Jouvence , dont la Fable nous a transmis tant de merveilles ; puisque c'est en elle que
se prépare la substance qui sert de base et de
premier dégré à la régénération , ou à la renais-
sance de tous les Êtres. Enfin elle est le creuset
des ames autant que celui des corps ; heureux celui qui saura en découvrir les propriétés ! car ne
pas connoître les choses par elles-mêmes , c'est ne
rien savoir : et il ne suffit pas de croire que tout
se tient, que tout est actif , il faut chercher à s'en
assurer et à le sentir ».

« Vous

« Vous apprendrez alors ce que c'est que d'aider la terre à *Sabbathiser*, et pourquoi les Hébreux mériterent tant de reproches pour avoir négligé ce devoir pendant qu'ils habiterent la terre promise. Car dans le *physique actif* il en est de même que dans le physique passif, où nous voyons que si l'homme ne prête ses soins à la terre par la culture, elle ne rend que des végétations grossieres et sauvages ».

« Les propriétés de l'eau ne vous seront pas moins utiles à connoître, parce qu'étant la mine de tous les sels, et contenant en elle tous les germes de corporisation, elle est en principe et en puissance, ce que la terre n'est qu'en acte, comme étant une matiere déja déterminée. Vous y verrez que la couleur verte est particuliérement affectée au regne végétal qui n'est que l'expression des principes de l'eau, et qui tient parmi les trois regnes le rang intermédiaire que l'eau tient parmi les trois élémens, et le verd parmi les sept couleurs de l'arc-en-ciel ».

« Ne dédaignez pas d'observer que sur toute la surface du globe terrestre, l'eau est toujours plus basse que les terres qui l'environnent, quoique par sa nature fluide et volatile elle soit destinée à être plus élevée : vous verrez dans cette image physique une représentation naturelle et sensible du rang inférieur que toutes les

(P 4)

vertus

vertus occupent aujourd'hui pour venir à votre secours, tandis qu'elles sont faites pour dominer sur toutes les régions ».

« Vous pourrez aussi considérer l'eau sous un autre point de vue ; savoir, par rapport aux désordres qu'elle a causé sur la surface terrestre, parce que dans le sensible tous les types sont doubles, et que celui de l'eau porte spécialement ce nombre. En comparant donc les différens endroits qu'elle a submergés, avec ceux qu'elle laisse à découvert ; en considérant, dis-je, la figure extérieure de notre globe, sur lequel l'eau et la terre sont si diversement mélangés, vous pourrez étendre vos lumieres sur les effets progressifs, généraux et particuliers du crime, et sur le véritable état de la Géographie intellectuelle, ancienne, présente et future. Mais sur cet article, ainsi que sur tous ceux de ce genre, ne vous tenez point au premier apperçu. Plus les découvertes sont susceptibles d'être étendues, plus il est important de ne les adopter qu'avec beaucoup de précaution et de prudence ».

« Enfin, les propriétés du feu, si vous avez le bonheur d'en acquérir la connoissance, vous paroîtront préférables à toutes les autres forces élémentaires, parce qu'alors vous toucherez la racine même du grand arbre temporel, auquel

tiennent

tiennent tous les phénomenes physiques, et par
où coule la sève qui anime et nourrit tous les
Agens sensibles. Et pour vous retracer avec certitude le véritable rang de cet élément sur les
deux autres, observez que le Soleil est toujours
lumineux par lui-même, et dans tous les sens,
tandis que la Lune et la terre n'ont qu'une lumiere d'emprunt, et que la moitié de leur surface est toujours ténébreuse ».

« Si vous voulez ensuite juger de l'état pénible et dégradé de l'homme ici-bas, tant par
rapport aux connoissances élémentaires que relativement aux connoissances supérieures qu'elles
représentent, vous remarquerez que de ces trois
Agens destinés particuliérement à notre instruction, le Soleil a toujours son plein pour nous,
quand il se montre à nos yeux ; la Lune ne l'a
qu'une fois par mois ; et la Terre ne l'a jamais,
puisque nous n'en pouvons découvrir qu'un
horison très-borné ».

« Mais pour ranimer votre espérance au milieu
des privations que vous subissez, faites attention qu'à l'exemple de l'action universelle de la
vie, tous les fluides quelconques, aquatique,
igné, magnétique, électrique, tendent toujours à
recouvrer leur équilibre, et à se porter dans les
lieux où ils manquent. Faites attention que l'air
le plus grossier, le plus concentré dans les corps
matériels,

matériels, est toujours en correspondance avec l'air de l'athmosphere; que cet air passe continuellement dans nos corps, et pénetre jusqu'à nos plus petits vaisseaux: mais que lorsqu'il se *sensibilise*, pour ainsi dire, et qu'il se modifie selon toutes nos situations, et selon tous les états de notre forme, il ne cesse pas pour cela de garder sa communication avec l'air le plus pur, le plus libre, et le plus délié de l'éthérée ».

« Si toutes ces connoissances élémentaires vous paroissoient indifférentes, c'est que vous n'auriez pas encore saisi l'ensemble et l'universalité de l'empire de l'homme. Mais les Sages de tous les temps les ont recherchées soigneusement, et les ont regardées comme un bien qui fait partie de leur domaine, et comme une route favorable pour monter à des dégrés plus élevés. Ces mêmes Sages ont été trop prudens pour vouloir marcher dans une pareille carriere sans avoir des loix et des regles constantes, parce qu'ils ont senti qu'il ne devoit rien y avoir d'arbitraire dans le culte que l'homme est chargé d'exercer sur la terre ».

« C'est ici où les nombres sensibles exercent merveilleusement leurs droits, en classant dans un ordre exact toutes les propriétés de toutes les régions, de tous les regnes, de toutes les especes, et de tous les individus de l'Univers élémentaire.

taire. C'est ici où l'on peut commencer à acquérir une connoissance certaine des Loix initiales,
médianes, et *terminatives* de toutes les choses
corporelles, parce que ces choses étant mixtes
sont susceptibles de décomposition, et d'analyse,
et que le nombre de leurs Principes constitutifs
est analogue au nombre de toutes leurs actions
soit primitives et d'origine, soit d'existence et
de durée, soit de dépérissement et de destruction ».

« Enfin c'est ici que se font les premieres
applications du vrai sens du mot *initier* qui
dans son étymologie latine veut dire *rapprocher*,
unir au principe; le mot *initium* signifiant aussi
bien *principe* que *commencement*. Et dès-lors rien
de plus conforme à toutes les vérités exposées
précédemment, que l'usage des initiations chez
tous les Peuples, rien de plus analogue à la situation et à l'espoir de l'homme que la source
d'où descendent ces initiations, et que l'objet
qu'elles ont dû se proposer par tout, qui est
d'annuller la distance qui se trouve entre la lumiere et l'homme, où de le rapprocher de son
Principe en le rétablissant dans le même état où
il étoit *au commencement* ».

« Lorsque tous les Agens sensibles dont je
viens de parler, auront consommé par leur activité les substances impures qui souillent vos organes

ganes matériels ; lorsqu'ils vous auront *régénéré corporellement* par leur propre vie, et qu'ils auront ainsi contribué à laisser reprendre à vos facultés intellectuelles , l'équilibre et l'agilité proportionnée à votre situation infirme et douloureuse ; portez vos regards sur ces *vertus* éparses et subdivisées de tous les Êtres d'un autre ordre , qui ont été les prédécesseurs de l'époque de l'intelligence , comme en étant les Agens et les Ministres. Tâchez , en mettant constamment à profit les pensées qu'ils vous envoient , de vous rendre assez analogue à eux , pour faciliter le rapprochement de leur essence et de la vôtre. Par cette union , ils vous convaincront de nouveau et physiquement , que vous êtes destinés à les contempler dans leur ensemble et dans leur unité , et ils vous confirmeront la certitude de toutes les connoissances élémentaires dont vous aurez fait antérieurement la découverte et l'acquisition , parce que le même Principe qui a produit les Êtres et les Agens de toutes les classes , les dirige et les gouverne tous p   ne seule et même Loi ».

« Aussi dans la même région , dans le même fait , dans le même phénomène où vous aurez apperçu une vérité naturelle élémentaire , soyez assurés , si vous faites à propos usage de vos facultés , que vous trouverez une vérité naturelle intellectuelle ;

intellectuelle ; soyez surs que vous appercevrez dans cette nouvelle classe, le même plan que dans la classe précédente ; que même vous y reconnoîtrez des propriétés analogues et tendant au même but, parce que tout se tient, tout se touche, tout est un dans les moyens comme dans l'objet que l'Auteur des choses s'est proposé. C'est ainsi que dans l'homme les organes corporels qui manifestent les fonctions animales les plus parfaites, telles que celles qui s'operent dans la tête et dans le cœur, sont également le siege des plus beaux traits de son Être immatériel, savoir de l'amour et de l'intelligence ».

« Enfin, non seulement il n'est aucun fait physique qui ne soit voisin d'une vérité intellectuelle ; mais il n'en est aucun dans les grands phénomenes, et dans le jeu des grands ressorts de l'Univers qui ne soit le pronostic de l'une de ces vérités, et qui ne l'annonce telle qu'elle doit arriver dans son temps : de façon que cet Univers matériel, considéré sous un tel aspect, est pour l'homme intelligent une véritable prophétie ».

Ces Agens supérieurs, servant d'intermédiaires entre les objets physiques et les objets Divins, vous retraceront par leur action, la vraie destination de l'homme, et la vraie place qu'il

devroit

devroit occuper ; c'est à-dire , qu'ils vous expose-
ront par eux-mêmes les véritables rapports qui
existent entre Dieu , l'homme et l'Univers. D'un
côté ils vous représenteront la multitude et la
subdivision de toutes les choses élémentaires et
inférieures, qui par la raison de leur nombre
et de leur multiplicité , n'offrent en elles que
confusion et dépérissement. De l'autre , par
leur union mutuelle et générale , et par leur
parfaite correspondance , ils vous convaincront
de l'unité du Principe suprême. Ils vous mon-
treront par leur harmonie universelle, que l'unité
est le seul nombre en qui reposent tous les dons
que nos besoins ne cessent d'appeller sur nous ,
dons que tous les hommes de la terre sans ex-
ception poursuivent par des mouvemens secrets
dont ils ne sont pas maîtres.

Ils vous feront connoître que si à leur exemple
nous nous tenions constamment en aspect de cette
unité , c'est-à-dire sous notre ligne supérieure
et Divine , il descendroit sur nous une *substance
pure et fixe* de force et d'action , qui s'amassant
autour de nous y formeroit une *base* plus ou
moins grande , plus ou moins vaste , selon que
nous ouvririons plus ou moins nos *canaux immatériels* propres à s'en abreuver.

L'homme étant plus souvent ici-bas le type
du mal que celui du bien , justifie cette vérité

par

par des exemples funestes, au lieu de la justifier
par des exemples consolans : aussi, ce que nous
éprouvons le plus fréquemment, c'est que la
base dont je viens de parler, diminue pour
nous à mesure que nous resserrons les *canaux
intellectuels* qui sont comme les sens de notre
esprit ; et lorsque nous interceptons tout à fait
la communication, notre *centre intellectuel* ne
recevant plus cette substance qui devoit former
sa base, chancele sur lui-même, se renverse,
et se voit exposé à la révolution des circonférences inférieures et horisontales, qui l'entraînent
et le font errer selon leurs loix désordonnées :
« c'est ce que les justices humaines ont représenté par l'usage où elles sont de jeter aux vents
les cendres des criminels ».

Au contraire ces Agens purs et intermédiaires, ne pouvant offrir que les types du bien, doivent nous faire connoître que si nous ne fer-
mions aucun de nos *canaux immatériels*, nous
verrions notre *base* s'étendre à une distance immense, et acquérir peut-être assez d'étendue
pour couvrir l'Univers entier.

Nous ne pouvons même en douter, en réfle-
chissant à notre destination primitive, et en
nous souvenant que telle étoit la majesté de
l'homme, qu'il ne lui falloit rien moins que
toutes les *vertus* de l'Univers pour le contenir et

lui

lui servir de siege ; de même que dans son état actuel, la forme corporelle dans laquelle il est emprisonné, ne pourroit embrasser et soutenir son Être intellectuel dans l'étendue de toutes ses facultés, si elle n'étoit la plus réguliere de toutes les formes, et l'abrégé le plus ressemblant du grand Univers.

Ce n'est donc que d'une *base* aussi étendue, et d'un appui aussi solide ; ce n'est, dis je, que de l'union générale, et du vaste assemblage de tous ces Agens purs et intermédiaires qui, planant au dessus du monde sensible, tendent à vous séconder, à vous défendre, à vous environner, que vous pouvez vous élever comme eux avec sécurité, et avec une véritable lumiere, jusqu'à cette *Unité* universelle qui les domine, et qui les vivifie tous.

Dès lors, ces mêmes Êtres purs et intermédiaires, vous apprendront que l'Agent dépositaire de cette unité, portant en lui la vie et la clarté, peut produire en vous, comme il le fait en eux, la force et la paix qui lui sont propres ; car la plus belle de ses vertus est le desir de les partager toutes avec vous.

Ainsi cet Agent étant le mobile de tous les dons et de tous les secours qui peuvent parvenir dans votre région, deviendra celui de tous les mouvemens de votre Être, lorsque toutes

vos

vos facultés disposées par vos desirs, « par la terre, par l'huile, par le sel, et par le feu » auront recouvert le degré de pureté qui leur est nécessaire pour vous faire ouvrir les premieres portes du Temple, et pour vous y faire adopter par les *Guides* fideles qui doivent vous transmettre ici-bas les *vertus* du Sanctuaire, jusqu'à ce que vous ayez acquis le droit et le pouvoir de les aller puiser vous-même à leur source.

Reconnoissez donc que depuis le degré le plus inférieur, jusqu'au plus supérieur, vous pouvez espérer des secours à tous les pas que vous avez à faire pour parcourir la carriere et vous réhabiliter dans les droits de votre origine.

Reconnoissez aussi qu'il n'est aucun de ces secours qui puisse être étranger à cet Agent universel qui a du fixer l'époque de l'intelligence, et apporter aux hommes le complément de toutes les *vertus* et de toutes les lumieres. Comme son essence est inhérente au centre même d'où proviennent toutes les essences, tous *les faits purs*, tous *les appuis*, rien de ce qui s'opere en bien, ne peut s'opérer sans son attache, et sans qu'il en soit le principe médiat, ou immédiat.

Ainsi lorsque vous vous occuperez à attirer sur vous les *vertus* diverses de ces Êtres immatériels chargés de réactionner votre pensée, ce

<table><tr><td>*II. Partie.*</td><td>(Q)</td><td>seront</td></tr></table>

seront les secours de cet Agent suprême que vous recevrez, puisque ces Êtres n'en sont que les organes et les administrateurs. Lors même que vous ne vous exercerez que sur des objets élémentaires, si vous sentez étendre vos connoissances et vos *forces*, soyez sur que c'est encore lui qui opere par eux les succès que vous obtenez, comme c'est lui qui opere à tout moment leur existence, et tous leurs actes réguliers.

Il n'est donc point d'œuvre pure, de quelque genre qu'elle soit, où vous ne puissiez reconnoître sa puissance, et pour ainsi dire, communiquer avec lui. La seule différence qui distingue ces diverses opérations, c'est que dans les unes il agit par de simples émanations actives, et que dans les autres il agit par des émanations intelligentes; que par les unes, il préserve, il anime, il instruit, et que par les autres il renouvelle, il éleve, il sanctifie. Mais dans cette diversité d'actions, et sous les noms de *préservateur*, d'*instructeur*, de *rénovateur*, de *sanctificateur*, vous ne pouvez vous dispenser de voir le même Être, le même Agent suprême et universel, par qui tout se meut, par qui tout existe, et qui ne se revêt de ces différens caracteres que pour mieux subvenir à tous nos besoins, à toutes nos situations, et pour

remplir

remplir dans toute leur étendue les vastes desseins qu'il a sur nous.

Car il ne faut pas oublier que si les hommes étoient attentifs et soigneux de se prêter aux vues de la sagesse, ils verroient, chacun en particulier, s'opérer en eux, et par rapport à eux, le même ordre de faits, la même suite de manifestations que nous avons reconnu précédemment s'être operées en général, sur toute notre espece pour l'accomplissement du *grand œuvre*.

Si par ces voies médiates et sécondaires, vous pouvez en quelque sorte recevoir toujours les secours du suprême Agent, qui dans toutes les époques a été l'artisan et le soutien de ce grand œuvre, et goûter sans cesse des consolations particulieres, il vous est facile de juger ce que seroient vos jouissances et vos succès, si par votre confiance dans ces secours et ces consolations, vous vous éleviez assez pour être étayé immédiatement de sa propre puissance.

Lors donc que vos maux deviendront trop pressans, quand les *eaux* de votre obscure demeure seront prêtes à vous inonder, et même quand les ténebres de l'ignorance vous paroîtront pénibles et insupportables, demandez par lui à la *Sagesse* quelques rayons de son feu pour les dissiper. Pourroit-elle sans s'oublier elle-même,

même, ne pas se rendre aux vœux de sa propre substance, et aux *vertus* de celui sur qui reposent à la fois son NOMBRE et son NOM. Demandez, dis-je, par lui à la Sagesse qu'elle supplée elle-même à votre impuissance, qu'elle mette sa pensée à la place de votre pensée, sa volonté à la place de votre volonté, son action à la place de votre action, ses paroles mêmes à la place de vos paroles, et quand elle aura ainsi renouvellé tout votre Être, quand elle vous aura rendu invincible et incorruptible comme elle, elle ne pourra refuser vos offrandes, puisque ce seront ses propres dons que vous lui présenterez.

Par-là elle ne laisse plus de terme à vos espérances, par-là elle assure la force à votre Être s'il est languissant, l'abondance s'il est dans la disette, la science s'il est ignorant; bien plus, elle lui assure la vie et la lumiere, quand même il seroit mort et enseveli au plus profond des abymes. Car si ce Principe suprême a pu par ses facultés actives enfanter l'harmonie des Êtres sensibles, et par ses facultés pensantes produire votre Être intelligent, comment lui seroit-il plus difficile de régénérer vos *vertus* que de leur avoir donné l'existence?

FIN.

www.ingramcontent.com/pod-product-compliance
Lightning Source LLC
LaVergne TN
LVHW021647060726
842527LV00003B/832